EXPERIMENTOS SENCILLOS DE QUÍMICA

Louis V. Loeschnig

Ilustraciones de Frances Zweifel

ONIRO

Agradecimientos

Deseo dar las gracias a las siguientes personas por su inestimable ayuda: Jodie Shull, Jacquelyn Whitaker, Anthony Simpson, Perry Minamide y, por supuesto, a mis editoras de Sterling, Sheila Anne Barry y Claire Bazinet, por su ayuda editorial y sus sugerencias.

COLECCIÓN DIRIGIDA POR CARLO FRABETTI

Título original: *Simple Chemistry Experiments with Everyday Materials*
Publicado en inglés por Sterling Publishing Company, Inc.

Traducción de Irene Amador

Diseño de cubierta: Valerio Viano

Ilustración de cubierta e interiores: Frances Zweifel

Distribución exclusiva:
Ediciones Paidós Ibérica, S.A.
Mariano Cubí 92 – 08021 Barcelona – España
Editorial Paidós, S.A.I.C.F.
Defensa 599 – 1065 Buenos Aires – Argentina
Editorial Paidós Mexicana, S.A.
Rubén Darío 118, col. Moderna – 03510 México D.F. – México

© 1994 by Louis V. Loeschnig

© 2001 exclusivo de todas las ediciones en lengua española:
Ediciones Oniro, S.A.
Muntaner 261, 3.º 2.ª – 08021 Barcelona – España
(e-mail:oniro@ncsa.es)

ISBN: 84-95456-49-4
Depósito legal: B-6.045-2001

Impreso en Hurope, S.L.
Lima, 3 bis – 08030 Barcelona

Impreso en España – *Printed in Spain*

A mi esposa JoAnn Marie, por su paciencia
y perseverancia (durante los muchos meses
en que nuestra cocina se convirtió
en un laboratorio de química),

y a Mary Alice, Johanna, Michael y Bridget.
También a mis padres, Lou y Alice Loeschnig,
y a Mamá y Papá Busalacchi (Pete y Mary)
por su estímulo.

ÍNDICE

Antes de comenzar

Los químicos creen que todas las cosas están hechas de materia y que esta materia puede transformarse y dar lugar a nuevas sustancias. Salvo que seas un químico, esto no te dirá nada. Tal vez tengas alguna dificultad para comprender las moléculas, átomos, elementos y compuestos. Si es así, no te preocupes. No estás solo. A muchas personas les resulta difícil comprender aquello que no ven.

El propósito de este libro es ofrecerte la posibilidad de entrar en contacto con la verdadera química y ayudarte a comprender lo que los químicos saben; por lo tanto, todas las ideas, el conocimiento científico e incluso las palabras más difíciles las encontrarás explicadas plenamente y con claridad.

Hay docenas de experimentos sensacionales y actividades divertidas y fáciles de realizar. ¡Y aunque ha sido un trabajo duro, todo ha sido ensayado y puesto a prueba! Algunos experimentos producen cambios químicos importantes, por ejemplo, la obtención de sal a partir del agua, la extracción del oxígeno de un compuesto y la fabricación con bayas de papel tornasol para realizar pruebas sobre la acidez o la alcalinidad. También aprenderás a realizar un test del almidón y a originar cambios químicos que producen calor, o a utilizarlo.

Otros experimentos parecerán números o trucos mágicos, pero todos están relacionados con las moléculas o los cambios químicos: inflar un globo de goma usando un famoso gas que estudian los químicos; verter agua en una botella sin llenarla realmente; hacer gusanos de papel que se arrastran de verdad. ¡Incluso podrás observar el salto que pega por sí mismo un plátano en el interior de una botella!

Descubrirás los átomos para construir el modelo de uno de ellos. Organizarás tu propio espectáculo de joyas de cristal, con expositores, diamantes y anillos de piedras preciosas, y demostraciones hechas con cristal. ¡Invita a tus amigos a una especial «fiesta del té»: es un juego, una fiesta y un experimento de degustación!

Por último, construirás una pieza de un equipo químico llamada manómetro y podrás realizar la prueba del dióxido de carbono a muchas sustancias.

Los químicos utilizan equipos caros y sustancias dañinas; nosotros no lo haremos. Aquellos experimentos que requieran un cuidado especial tendrán una identificación para tu seguridad.

El equipo químico que necesitas es barato y está formado por cubetas de hielo de diversos tamaños, frascos con tapa, tarrinas de margarina, botellas con tapón enroscable, recipientes de plástico y cucharas de usar y tirar. Es aconsejable que guardes tu equipo y el material químico en una caja o armario especial. De este modo te resultará fácil encontrarlo, lo tendrás listo siempre que quieras realizar un experimento químico y además estará en un lugar seguro.

La mayor parte de los elementos y sustancias químicas que se utilizan en este libro son productos caseros o alimenticios, se encuentran fácilmente en las tiendas, supermercados y farmacias. Algunos experimentos requieren tiempo, de modo que tendrás que ser paciente. En otros tendrás que hervir agua en la cocina o el microondas, pero no te preocupes, ya que siempre serás advertido para que puedas buscar a una persona mayor que te ayude, si lo necesitas.

Así que coge tu bata de laboratorio y lava las botellas y los frascos, ¡la química está a punto de serte revelada!

Te deseo muchas horas felices y éxito en los experimentos. ¡Que te diviertas!

Picadura/Precaución

Para evitar el peligro y llevar a cabo los experimentos con seguridad, sigue estas normas generales:

- Lava siempre *concienzudamente* los recipientes de cocina, cuencos o los instrumentos que hayas utilizado antes de guardarlos.
- No dejes soluciones químicas viejas tiradas por la casa. Ordénalas con cuidado.
- Ten un cuidado especial al utilizar la cocina o el microondas, al coger agua hirviendo o alimentos calientes. Busca a un familiar o persona mayor que te ayude a utilizar algunos instrumentos o para hacer algunos experimentos en los que no te sientas seguro.
- Asegúrate de etiquetar todos los contenidos de las botellas, frascos y recipientes que necesites guardar y almacénalos en un lugar seguro, alejado de los niños pequeños.
- Lee todas las instrucciones del epígrafe **Cómo hacerlo** antes de empezar y asegúrate de que tienes todo lo necesario, así como de que dispones de tiempo para terminar el experimento.
- Si un experimento produce suciedad, hazlo en el exterior o cubre la zona de trabajo con un protector o un periódico viejo.

¿QUÉ ES LA MATERIA?

AIRE, H$_2$O Y OTRAS COSAS

Todas las cosas de este mundo ocupan espacio y tienen peso: tú, sin ir más lejos, y también el aire, ¡tal y como aprenderás en este capítulo!

Los tres estados de la materia son sólido, líquido y gaseoso. Esto hace referencia al tacto de un objeto, su dureza, movilidad o apariencia, aunque sea invisible, como es el caso del aire. Una mesa es un objeto sólido, el agua es un líquido y el aire es un gas; estas tres cosas están formadas por pequeñas partículas llamadas moléculas, e incluso por elementos mucho más pequeños, denominados átomos. Los químicos estudian estos componentes para reordenarlos y crear otros productos que hagan nuestras vidas más agradables.

Brebaje atómico:
La molécula y yo

La molécula es la parte más pequeña de cualquier objeto existente. No puedes ver las moléculas, pero todo lo que hay en el mundo está formado por ellas. La mejor forma de comprenderlo es imaginarte a ti mismo encogiéndote hasta alcanzar su tamaño. Si fueras una molécula de un objeto que estuviera sobre la superficie de una mesa, un grano de sal, por ejemplo, verías el grano mismo como una montaña. Si fueras una molécula de agua, serías la parte más pequeña de una gota. La última parte en evaporarse de una gota de agua serías tú.

Ahora tienes una idea aproximada de lo diminutas que son las moléculas. Pero, si las moléculas son pequeñas, los elementos que las componen son todavía menores. Estas partes tan diminutas que forman las moléculas son los átomos.

Si fueras una molécula de oxígeno, estarías compuesto por dos partes muy pequeñas, o átomos. Necesitarías dos átomos de oxígeno porque un solo átomo no se comporta como oxígeno.

Una sustancia que solamente tiene un tipo de átomo es un elemento. El oxígeno, hidrógeno, nitrógeno y carbono son elementos. (Véase la «Tabla periódica de los elementos» y «¿Un anillo de diamantes?» y «¡Una copia de carbono!») Si fueras un poco de gas nitrógeno, estarías formado solamente por átomos de nitrógeno. Si fueras un trozo de carbono, lo estarías solamente por átomos de carbono. Y no podrías ser nada más.

Los átomos de elementos diferentes se unen para formar moléculas diferentes. Una molécula de agua está formada por tres átomos. Si fueras un átomo de oxígeno, tendrías que unirte con dos amigos que representaran átomos de hidrógeno para formar una molécula de agua, ya que el agua tiene dos átomos de hidrógeno y un átomo de oxígeno. Entonces serías una sustancia, formada por dos (o más) elementos distintos, es decir un compuesto. El agua, el dióxido de carbono y el azúcar son ejemplos de compuestos. Tú, como una molécula, la parte menor de la materia, tienes la posibilidad de existir de tres maneras. Los químicos te identificarían como uno de los tres estados de la materia: sólido, líquido o gaseoso.

Un científico o un químico, si lo necesitaran, podrían dividirte, aún más, en tu partes originales o átomos, usando la electricidad. Ya no serías agua sino que te habrías transformado en tres átomos independientes, dos átomos de hidrógeno y un átomo de oxígeno. La parte más pequeña de ti que podría existir como agua sería una molécula.

¡ATÓMICO!

Todo lo que hay sobre la Tierra está formado por átomos. Son las partes más diminutas de cualquier elemento, y los átomos de cada elemento son diferentes. Si fueras tomando todos los electrones de cada elemento y los *sumaras*, obtendrías números diferentes (números atómicos). Entonces comprenderías por qué hemos titulado esta sección «¡Atómico!».

Cada átomo tiene un punto central o núcleo, formado por neutrones y protones. Algunas partículas atómicas tienen carga eléctrica: los protones del núcleo tienen carga eléctrica *positiva*; sin embargo, los neutrones no tienen carga (es decir, son eléctricamente neutros). Los electrones son aún más pequeños y giran alrededor del núcleo. Tienen una carga eléctrica *negativa*. Estas cargas eléctricas negativas y positivas de los electrones y protones es lo que mantiene al átomo entero y unido.

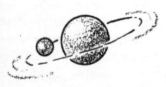

Átomo de hidrógeno

Para que comprendas cómo es el núcleo de un átomo, imagínatelo como una pelota y a los electrones como pelotas más pequeñas que giran en torno a la más grande. Los químicos a veces llaman «corteza» a las órbitas que describen los átomos en torno al núcleo. Mejor aún, piensa en el núcleo de un átomo como si fuera el Sol, y los electrones que dan vueltas en torno a él, que describen órbitas, serían sus planetas. Los planetas en las órbitas son atraídos por el Sol tal y como sucede con los electrones y el núcleo.

Oxígeno

TABLA DE ELEMENTOS

Una tabla especial conocida como la tabla periódica de los elementos puede ayudarte a comprender mejor la química atómica. Dimitri Ivanovich Mendeleyev, un químico ruso, diseñó la primera tabla de elementos en 1869. De forma previsora, dejó algunos espacios vacíos en la Tabla para colocar los elementos que aún no se habían descubierto. En una versión moderna (véase «Tabla periódica de los elementos») las siete filas numeradas de arriba abajo en el lado izquierdo, llamadas períodos, llevan el número de órbitas de los electrones en cada uno de los elementos.

Los elementos del período uno solamente tienen una órbita, los del período dos tienen dos órbitas, los del período tres, tres órbitas, etc.

Cada elemento de la tabla tiene un número (el número atómico) y un símbolo de letras, así como su peso atómico. Localiza el oxígeno en la tabla (período 2, columna 16 / 6 A). El número atómico del oxígeno es 8. Lo que significa

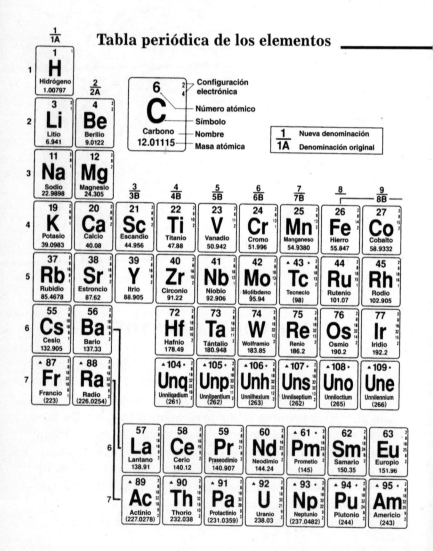

Tabla periódica de los elementos

que hay ocho protones en el núcleo del átomo. Observa los números 2 y 6 en la esquina superior derecha de la caja. Suman ocho. Los dos números, uno sobre otro, representan los números de electrones de la primera órbita (2) y de la segunda órbita (6) del elemento oxígeno. El número de electrones que giran en órbitas en torno al núcleo de un átomo es el mismo número que el de protones del núcleo.

								18 / 8A
								2 **He** Helio 4.0026
★ Sintético			13 / 3A	14 / 4A	15 / 5A	16 / 6A	17 / 7A	
▲ Radiactivo			5 **B** Boro 10.811	6 **C** Carbono 12.01115	7 **N** Nitrógeno 14.0067	8 **O** Oxígeno 15.9994	9 **F** Flúor 18.9984	10 **Ne** Neón 20.179
( ) Indica el peso atómico de la mayor parte de los isótopos estables			13 **Al** Aluminio 26.9815	14 **Si** Silicio 28.086	15 **P** Fósforo 30.9738	16 **S** Azufre 32.064	17 **Cl** Cloro 35.453	18 **Ar** Argón 39.948
10	11 / 1B	12 / 2B						
28 **Ni** Níquel 58.69	29 **Cu** Cobre 63.54	30 **Zn** Cinc 65.37	31 **Ga** Galio 69.72	32 **Ge** Germanio 72.59	33 **As** Arsénico 74.9216	34 **Se** Selenio 78.96	35 **Br** Bromo 79.904	36 **Kr** Criptón 83.80
46 **Pd** Paladio 106.4	47 **Ag** Plata 107.868	48 **Cd** Cadmio 112.40	49 **In** Indio 114.82	50 **Sn** Estaño 118.69	51 **Sb** Antimonio 121.75	52 **Te** Teluro 127.60	53 **I** Yodo 126.9044	54 **Xe** Xenón 131.29
78 **Pt** Platino 195.09	79 **Au** Oro 196.967	80 **Hg** Mercurio 200.59	81 **Tl** Talio 204.383	82 **Pb** Plomo 207.19	83 **Bi** Bismuto 208.980	▲ 84 **Po** Polonio (209)	▲ 85 **At** Ástato (210)	▲ 86 **Rn** Radón (222)

64 **Gd** Gadolinio 157.25	65 **Tb** Terbio 158.9254	66 **Dy** Disprosio 162.50	67 **Ho** Holmio 164.930	68 **Er** Erbio 167.26	69 **Tm** Tulio 168.934	70 **Yb** Iterbio 173.04	71 **Lu** Lutecio 174.97
▲ 96 **Cm** Curio (247)	▲ 97 **Bk** Berkelio (247)	▲ 98 **Cf** Californio (251)	▲ 99 **Es** Einstenio (252)	▲ 100 **Fm** Fermio (257)	▲ 101 **Md** Mendevelio (258)	▲ 102 **No** Nobelio (259)	▲ 103 **Lr** Laurencio (260)

Órbitas atómicas

Una forma sencilla de aprender lo que es un átomo es construir uno de ellos. Aunque los electrones y protones no son bolas de arcilla (de hecho, los electrones son partículas de movimiento rápido y con carga eléctrica que se mueven más deprisa de lo que tardas en pronunciar la palabra «átomo»), el construir un modelo de este material te ayudará a comprender un concepto bastante complejo.

Necesitas:
Cuatro barras de plastilina de colores
Un frasco de boca ancha con tapa
Periódicos (suficientes para cubrir el área de trabajo)

Cómo hacerlo:
Extiende los periódicos sobre la zona en la que vayas a trabajar. Selecciona dos barras de arcilla de colores distintos. Por ejemplo, roja y azul. Haz dos rollos de color rojo y uno de color azul. Representan las órbitas o trayectorias que trazan los electrones al girar alrededor del nú-

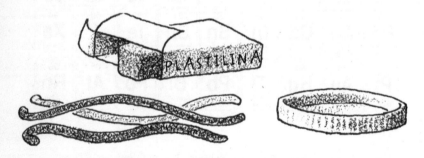

cleo. Asegúrate de hacer unos rollos lo suficientemente largos como para que rodeen por completo la tapa del frasco. Presiona el primer rollo rojo contra el borde interior de la tapa. A continuación coloca del mismo modo el rollo azul, presionándolo contra el rojo. (Cuando termines tu modelo tendrás un patrón tipo.) Coloca ahora el otro rollo rojo a continuación del azul; para completarlo, sitúa en la mitad un trozo azul, como un «ojo de buey». Cuanto terminas, alisa con los dedos la arcilla.

Ahora, forma una bola de arcilla «amarilla» y pégala en el «ojo de buey». Haz dos bolas más pequeñas (verdes) y pégalas en el borde del «ojo de buey» azul, una a cada lado y en línea recta con el círculo mayor. Forma otras ocho bolas verdes y colócalas en cuatro grupos de a dos sobre el borde exterior del anillo rojo.

Qué sucede:
¡Has construido un modelo atómico!

Por qué:
Los átomos no pueden tener más de siete órbitas o trayectorias con un mismo número de electrones en cada órbita. El anillo mayor del «ojo de buey» representa el núcleo del átomo. Las dos bolitas en el exterior del círculo de color azul son los dos electrones de la primera órbita. Rodeando la segunda órbita, el borde del anillo rojo, hay ocho bolitas verdes, es decir, los ochos electrones que pueden estar ahí.

La tercera órbita del modelo (el borde más exterior del círculo azul) puede tener otras ocho bolitas verdes o electrones, si se trata de la última órbita, pero si no es así (si no es la última órbita) podría contener dieciocho. Una cosa importante que debes recordar es que después de la primera órbita, cada órbita sucesiva debe tener ocho electrones antes de que comience la siguiente órbita.

Y ahora:
Mira la tabla periódica de los elementos e identifica el modelo que has construido; añade tantas bolas o electrones como requiera el modelo atómico que quieras fabricar.

¿QUÉ ES UN ISO?

Los isómeros son átomos de dos o más elementos unidos químicamente. Aunque tienen el mismo número y tipo de átomos de otros compuestos, son de un orden distinto. Los científicos han tomado los compuestos y han reordenado químicamente sus moléculas para formar isómeros y fabricar nuevos productos. Los detergentes, pinturas, gasolina, aspirina y otros productos que usamos a diario son algunos ejemplos de lo que se puede elaborar con este proceso.

Modelos isoméricos

Ahora, un desafío intelectual. ¿Cuántos modelos isoméricos puedes construir? Discute el asunto con tus amigos. ¡Haz un gran rompecabezas!

Necesitas:
Seis clips
Papel y lápiz

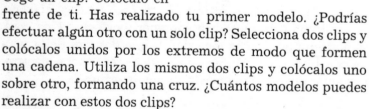

Cómo hacerlo:
Coge un clip. Colócalo en frente de ti. Has realizado tu primer modelo. ¿Podrías efectuar algún otro con un solo clip? Selecciona dos clips y colócalos unidos por los extremos de modo que formen una cadena. Utiliza los mismos dos clips y colócalos uno sobre otro, formando una cruz. ¿Cuántos modelos puedes realizar con estos dos clips?

Añade otro clip a los dos anteriores, ahora tienes tres. ¿Cuántos modelos puedes llevar a cabo, usando el nuevo clip? Si añades otros más, tendrás cuatro, incluso cinco o seis. ¿De qué manera, al incrementar los clips, aumentas las posibilidades de crear nuevos modelos? Desarrolla hipótesis o conjeturas sobre la cantidad de modelos que podrías realizar antes de cada actividad. Apunta tus estimaciones o conjeturas y dibuja cada uno de los modelos que puedas llevar a cabo.

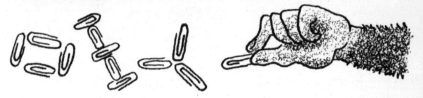

Qué sucede:
Cada vez que añades un clip, creas un nuevo modelo.

Por qué:
Este experimento se basa en el estudio de probabilidades; en este caso, de cuántos modelos puedes llevar a cabo en cada actividad. Cuantos más clips tengas, u otros elementos, mayor es del número de modelos que puedes realizar. El número de modelos posibles se incrementa en la misma proporción que los clips.

LÁPIZ DADO

La mayoría de los lápices tienen seis caras. Numéralas del 1 al 6. Coloca un libro sobre una mesa y haz rodar el lápiz hasta que tropiece con él. ¿Cuántas son las probabilidades que tiene de salir un cierto número?

Las probabilidades de cada número son iguales; en matemáticas, se dice que el resultado es «igualmente probable». ¿Cuántas variables o cosas hay que puedan afectar a las veces que un número del lápiz pueda salir?

Moléculas en acción

Ésta es una manera fácil de mostrar el movimiento de las moléculas en los sólidos, líquidos y gases.

Necesitas:
La tapa de una caja pequeña
(o una caja plana de laterales bajos)
Canicas (o cualquier otro tipo de esferas o bolas pequeñas)
Tijeras

Cómo hacerlo:
Coloca una capa de canicas en la tapa, procurando que encajen unas con otras. Mueve la tapa de un lado a otro con suavidad. Luego, saca alguna de las canicas y mueve de nuevo la tapa de un lado a otro, con más rapidez que antes, cuando la tapa estaba llena de canicas.

Saca de la tapa la mayor parte de las canicas y muévela de nuevo, esta vez más deprisa aún.

Por último, haz unos agujeros en cada uno de los cuatro laterales de la caja y sacúdela una y otra vez.

Qué sucede:
Cuantas menos canicas hay, más fácilmente se esparcen. Algunas, incluso, salen de la tapa por los agujeros.

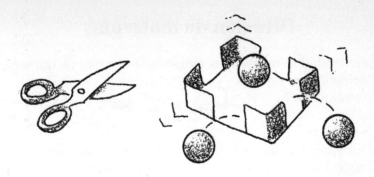

Por qué:

Las «canicas encajadas» del principio representan las moléculas en una sustancia sólida. Esta es la razón por la cual estas sustancias son duras. Se mueven, pero no mucho.

La segunda vez, cuando sacamos algunas canicas, muestra las moléculas en un líquido. Están más separadas y, por tanto, se mueven con mayor facilidad.

Al final, cuando quedaban pocas canicas en la tapa, estaban mucho más separadas y se movían con gran rapidez. Representa un gas.

Los agujeros laterales en la tapa enseñan lo que sucede cuando algunas sustancias se desprenden de otras: por ejemplo, el agua hirviendo en una cocina se transforma en vapor de agua, o en vaho, y sale de la olla. Un gota de agua sobre un plato se evaporará. Si una de sus moléculas se mueve con suficiente rapidez, se trasladará de la superficie de la gota al aire.

Cuando se calienta un cubito de hielo, pasa del estado sólido al líquido y más tarde al gaseoso. Las moléculas del agua nunca cambian, sino que adoptan las formas de las nuevas sustancias; por ejemplo, de hielo a agua líquida y a vapor.

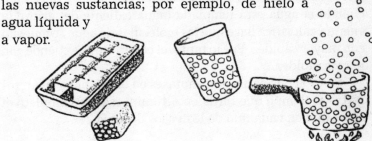

Difusión de moléculas

¿De verdad se mueven las moléculas del agua? ¿A que velocidad, con rapidez o lentamente?

Necesitas:

Dos vasos transparentes
Agua caliente y fría

Colorante alimentario
Un cuentagotas

Cómo hacerlo:

Llena un vaso con agua caliente, del grifo. Llena otro vaso con agua fría. Luego, rápidamente, coloca una gota de colorante en cada uno de los vasos. (Asegúrate de que todas las variables sean iguales. Es decir, los dos vasos deben tener la misma cantidad de agua y la misma cantidad de gotas de colorante. El control de las variables es importante para que el resultado del experimento sea científicamente correcto.)

Qué sucede:

El colorante se extiende a través del agua de ambos vasos, pero en proporciones distintas.

Por qué:

Al cabo de un rato, el agua fría estará coloreada por completo, puesto

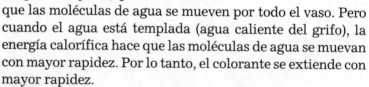

que las moléculas de agua se mueven por todo el vaso. Pero cuando el agua está templada (agua caliente del grifo), la energía calorífica hace que las moléculas de agua se muevan con mayor rapidez. Por lo tanto, el colorante se extiende con mayor rapidez.

Sería aconsejable que anotases en una tabla o en un registro el tiempo que tarda en difuminarse por completo el colorante en cada uno de los vasos de agua.

Cuestión de cambios

A veces las cosas cambian. Cuando el pan se tuesta ya no es la misma sustancia. Sus moléculas se han reorganizado por el calor. Si se carboniza, es una nueva sustancia en su totalidad. Esta transformación es un cambio químico. Sin embargo, cuando el hielo se vuelve agua y más tarde pasa al estado gaseoso, las moléculas del agua no cambian. Cambia la forma que adoptan las sustancias, pero la sustancia misma, el agua, no se transforma. Esta acción es un cambio natural. Veamos cómo se produce.

Necesitas:

Diez cubitos de hielo   Usar una cocina
Una olla pequeña con tapa

Cómo hacerlo:

Coloca los cubitos de hielo en la olla y caliéntalos en la cocina. Cuando los cubitos se transformen en agua y empiece a hervir, pon la tapa a la olla. Deja que hierva durante algunos minutos, luego apaga el fuego y deja que la olla se enfríe. Más tarde coge la tapa, dale la vuelta y observa las gotas de agua que se han formado en su superficie.

Agua hirviendo

Qué sucede:

El hielo se transforma en agua y ésta en vapor, un gas que a veces llamamos vapor de agua; el vapor se convierte en agua.

Por qué:

El hielo es un sólido. Sus moléculas se mueven con lentitud, pero se mueven. Cuando se calientan los cubitos de hielo, las moléculas se mueven más deprisa. El hielo se calienta y funde. Al continuar calentándolo, las moléculas se mueven aún más rápidamente; chocan unas con otras y escapan, abandonando el líquido. Las gotas de agua acumuladas en el interior de la tapa de la olla son producto del vapor de agua (gas). Al enfriarse la olla, el vapor se transforma en agua (líquido). Este proceso es la condensación. Los químicos identifican lo que sucede en este experimento como la demostración de los tres estados de la materia: sólido, líquido y gaseoso.

QUÍMICOS EN LA HISTORIA

En la época prehistórica, la gente creía que la naturaleza y los cambios que se producían en ella estaban causados por los espíritus y la magia. En ese tiempo, los hombres descubrieron el fuego y el calor y la transformación que producían en las cosas. Los primeros científicos, conocidos como alquimistas, descubrieron los compuestos y pensaron que el metal podía convertirse en oro. Pero ninguno de ellos supo cómo funciona en realidad la química.

La química, tal y como la conocemos nosotros —la química orgánica es el estudio de los compuestos de carbón, mientras que la química inorgánica se ocupa del resto de los elementos y compuestos—, comenzó en 1600, cuando Robert Boyle estableció la clasificación de la lista de los elementos, todavía en uso. A finales de 1700, los químicos Joseph Priestley y Karl Scheele descubrieron, por separado, el oxígeno. Y fue entonces también cuando el químico Antoine Lavoisier descubrió la combustión, o los cambios químicos que se producen en las cosas por efecto del calor. John Dalton pensó que los elementos estaban constituidos por átomos (1803), mientras que Jön J. Berzelius, un científico sueco, llegó a la conclusión de que los átomos tenían cargas positivas y negativas (1812). Estableció también los pesos atómicos de los elementos, mientras que Henry Moseley fue quien asignó los números atómicos. Finalmente, los químicos franceses Marie Curie y su marido, Pierre, descubrieron el radio (1898), un elemento radiactivo.

La fábrica de agua

Con este experimento te convertirás en un genio de la química. Destilarás agua, obtendrás sal, sin necesidad de un equipo químico caro para lograrlo. ¡Dirás que es imposible! Inténtalo y verás.

Necesitas:
Un frasco transparente, pequeño y con tapa,
    medio lleno de agua
Utilización de un microondas
    (es recomendable que te ayude un adulto)
Un guante de cocina o un agarrador
Una cuchara
Sal

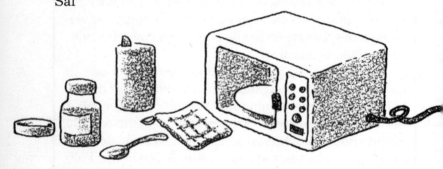

Cómo hacerlo:
Introduce un poco de sal en el frasco de agua. Agítalo con una cuchara y prueba un poco. El agua deberá estar salada; si no lo está, añade más sal. Introduce en el microondas el frasco con la solución salada, sin la tapa, y déjalo unos 90 segundos, o hasta que el agua comience a hervir.

¡No toques ni saques el recipiente del microondas! ¡El agua podría escaldarte!

Saca con cuidado, y con ayuda del agarrador, el recipiente y colócale la tapa. (Mejor aún, pide a una persona mayor que lo haga

Agua hirviendo

26

por ti.) Una vez que el frasco se haya enfriado por completo, quita la tapa y saborea las gotas que haya en ella o en los laterales del recipiente.

Qué sucede:
Las gotas de agua que hay en los laterales del frasco o bajo la tapa no tienen sabor salado.

Por qué:
El agua hirviendo en el recipiente cerrado se evapora (vapor de agua) y se recoge como condensación (gotas de agua) que se forman en los laterales o bajo la tapa del frasco. La sal es un compuesto que no permanecerá en el agua (en vapor) cuando hierva, de modo que la sal se separará del vapor. Esta es una buena forma de purificar el agua.

¿Qué es una solución?

Los químicos estudian el funcionamiento de las suspensiones y las soluciones. Lleva a cabo este sencillo experimento y lo descubrirás.

Necesitas:
Dos recipientes grandes y de boca ancha, llenos hasta la mitad de agua
Dos cucharadas de sal (unos 30 ml)
Dos cucharadas de tierra (unos 30 ml)
Una lupa
Una cuchara

Cómo hacerlo:
Echa la tierra en uno de los recipientes con agua, y la sal en el otro. Remueve ambos. Mira con la lupa el contenido de los dos frascos.

Qué sucede:
Las partículas de tierra están suspendidas en el agua. A causa de su peso, las partículas de tierra mayores se depositarán primero en el fondo del frasco, seguidas de las

partículas de tamaño medio y por último de las más pequeñas. Las partículas de sal del otro recipiente han desaparecido: se han disuelto.

Por qué:

La tierra no se disuelve ni desaparece en el agua porque la tierra y el agua son compuestos de moléculas de tipos diferentes. Estas moléculas diferentes no pueden combinarse químicamente. La tierra y el agua son lo que los químicos denominan una «suspensión», porque las partículas de tierra se extienden o suspenden por toda el agua y finalmente se depositan en el fondo del recipiente o se mantienen en una suspensión. Por el contrario, el agua y la sal se combinan. La sal se disuelve, parece que desaparece en el agua. Estas partículas (cristales) no caen al fondo del frasco. Éste es un ejemplo de una solución. Los químicos llaman a las moléculas sólidas que se convierten en parte de una solución, tal y como sucede con la sal, un «soluto», y las moléculas líquidas, como las del agua, un «disolvente».

Acto I: ¡Todo mezclado!

Los químicos hablan a menudo de soluciones y suspensiones, y también de emulsiones y mezclas. En una solución, una sustancia se disuelve por completo en otra (la sal y el agua). En una suspensión, una sustancia se mezcla con otra, pero no se disuelve (la tierra y el agua).

En una emulsión, un líquido forma minúsculas gotitas dentro de otro, pero no se disuelve. La mayonesa es un ejemplo perfecto de emulsión. Una mezcla, por el contrario, se hace con diferentes sustancias que ni se disuelven unas en otras ni permanecen juntas. ¡La sal y la harina pueden realmente mezclarse, pero no puedes separarlas! Realiza este experimento y descubre la manera de hacerlo.

Necesitas:
$^1/_4$ taza de harina
$^1/_4$ taza de sal
Un vaso
Una cuchara
Agua caliente del grifo

Cómo hacerlo:
Revuelve la harina y la sal juntas en el vaso (no añadas el agua todavía). ¿Están mezcladas por completo? Añade el agua caliente y llena el vaso. Revuélvelo bien y espera unos 30 minutos; luego mete un dedo y prueba el agua.

Qué sucede:
El agua de la superficie sabe salada y algo blanco cubre el fondo del vaso.

Por qué:
La sal y la harina son una mezcla típica. Estas sustancias son tan diferentes que no pueden disolverse o combinarse químicamente de ninguna manera. Además reaccionan ante el agua de manera distinta. Mientras que la harina

30

flota y luego se hunde en el fondo del vaso, la sal se disuelve en el agua y forma una solución salina sobre la harina.

Guarda la mezcla de este experimento para el «Acto II: Restaura la sustancia».

Acto II: Restaura la sustancia

Puesto que la sal y la harina fueron buenas en el «Acto I: ¡Todo mezclado!», restaurémoslas, de modo que vuelvan a ser de nuevo, las tradicionales sal y harina.

Necesitas:

Un frasco de boca ancha
Filtros de café
La mezcla de sal y harina
    (del experimento anterior)

Una goma elástica
Agua caliente del grifo
Un recipiente poco
    profundo

Cómo hacerlo:

Coloca el filtro sobre la parte superior del frasco y fíjalo con la goma. Deja que el filtro cuelgue un poco por el centro de modo que el agua pueda correr con mayor facilidad. Vierte despacio sobre el filtro el agua salada mezclada con harina del último experimento. Muy lentamente, añade un poquitito de agua caliente para facilitar que la solución salina penetre la harina. ¡Sé paciente! Te llevará algunos minutos recobrar una buena cantidad de la solución salina. Guarda todo lo que no necesites y quita el filtro del frasco. Coloca la solución salina en el recipiente bajo, fuera del frasco. Déjalo en un lugar cálido durante **24 horas**.

Qué sucede:

La harina está en la superficie del filtro, mientras que la sal en el agua lo ha traspasado. Cuando finalmente se evapore el agua del recipiente bajo, quedarán los cristales de sal.

Por qué:

Las moléculas de los cristales de sal sólidos (llamado un soluto por los químicos) que se han disuelto en el agua (disolvente) pueden pasar libremente a través del filtro, mientras que los granos de harina, que son mucho más grandes y no se disuelven, permanecen en la superficie.

Puesto que el agua se evapora pero la sal no, las moléculas de sal permanecerán, cuando el agua desaparezca, transformadas en cristales.

Guarda tus cristales de sal para «La exposición de joyas».

¡Separación!

Este experimento te demostrará cómo actúan de modo distinto el agua y el aceite.

Necesitas:

Dos recipientes poco profundos
Dos cucharadas de aceite
Dos cucharadas de agua
Cartulina blanca
Tijeras
Toallitas o servilletas
  de papel
Colorante alimentario
Un cuentagotas

Cómo hacerlo:

Pon el aceite en uno de los recipientes y el agua en el otro. Corta dos tiras pequeñas de cartulina. Moja una tira de cartulina en aceite y la otra en agua; colócalas después sobre las toallitas o servilletas de papel. Deja caer una gota de colorante sobre cada una de las tiras.

Qué sucede:

La gota de colorante sobre la tira de papel con aceite se asienta en la superficie, mientras que la gota sobre la tira mojada en agua se extiende.

Por qué:

El colorante, cuya base es agua, se asienta como una gota sobre la tira impregnada de aceite porque sus moléculas de agua no se mezclan con el aceite. Una sustancia es «inmiscible» con otra cuando no se mezclan. El colorante alimentario vertido sobre la tira de papel mojada en agua es «miscible». Se disuelve sobre la tira de papel y se extiende, incluso traspasa el papel. Sus moléculas se mezclan tal y como sucede con las moléculas en una solución.

Cromatografía: acuarela

Los químicos necesitan separar algunas sustancias, como por ejemplo, los tintes o las mezclas químicas, y obtener sus componentes por separado. En este experimento, mezclaremos dos colorantes alimentarios diferentes para individualizar sus componentes. Ésta es una versión simplificada de los que los químicos denominan «cromatografía».

Necesitas:
Colorante alimentario rojo
    y azul
Un cuentagotas
Un recipiente pequeño
Dos servilletas o toallitas
    de papel blancas
Un periódico
Un vaso de agua

Cómo hacerlo:
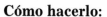
Mezcla 2 o 3 gotas
de los colorantes rojo y azul en el mismo recipiente. Pon las dos servilletas de papel juntas y colócalas sobre el periódico. Sitúa la mezcla coloreada en el centro de las servilletas. Con un cuentagotas deja caer gotas de agua sobre la mezcla e intenta separar los colores.

Qué sucede:
La mezcla coloreada se separa en zonas púrpuras (rojo-azul) y azul claro.

Qué sucede:
El agua actúa como un disolvente, disolviendo la solución de colorante. Puesto que los colores se disuelven en grados diferentes, se separan en áreas coloreadas circulares mientras el disolvente se mueve a través del absorbente, o sea, de las servilletas que actúan como esponjas.

Maratón de gusanos ondulantes

Inscribe a estos fantásticos gusanos de papel en un maratón y observa quién gana. ¡Esto también está basado en las moléculas!

Necesitas:
Tiras de toallitas de papel, de 1 cm aproximadamente
   de ancho (tantas como desees)
Un cuentagotas (si compites con tus amigos, cada uno
   necesitará un cuentagotas)

Cómo hacerlo:
Haz pliegues en las tiras, en forma de acordeón. Ponlas en fila sobre un mueble de la cocina. Llena el cuentagotas con agua. Deja caer algunas gotas de agua sobre los extremos y la mitad de las tiras de papel e intenta extender o estirar los gusanos hacia una imaginaria línea de meta.

Qué sucede:
Los gusanos de papel parece que van y vienen.

Por qué:
Los miles de agujeritos que hay en el papel se llenan de agua. Esta «acción capilar» expande o agranda estas partes del papel. Y al expandirse el papel se mueve y ¡tus gusanos avanzan hacia la meta!

Construye un hidrómetro

Un hidrómetro es un instrumento para medir la densidad del agua comparándola con otras soluciones. Puedes fabricar uno para ti con sólo unos pocos materiales, pero sé paciente, porque puede llevarte algo de tiempo y varios intentos antes de que obtengas un instrumento que flote correctamente.

Necesitas:

Un trozo pequeño de plastilina
Un vaso lleno en $^3/_4$ partes
    de agua (para probar
    el hidrómetro)

Sal
Una pajita
Tijeras

Cómo hacerlo:

Corta la pajita por la mitad. Obtura uno de los extremos con plastilina y forma una pequeña bola. Pon una cantidad pequeña de sal en la parte superior de la pajita para que pese. Debe ocupar aproximadamente 1 cm. Mira la pajita a la luz para observar el nivel.

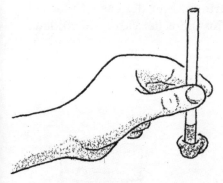 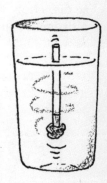

Después, con suavidad y cuidado, introduce el hidrómetro en el agua. Debería flotar libremente y mantenerse derecho, y no debería rozar la parte inferior del vaso. Si la pajita no flota correctamente, manteniéndose derecha en el agua, ajusta la sal del interior o el agua del vaso hasta que lo consigas.

Probando el hidrómetro

Este experimento hidrométrico está diseñado para que te conviertas en un verdadero químico. En los experimentos del libro necesitarás controlar todas las variables, pero en éste debes hacerlo de modo especial. Lo que significa que todos los materiales y las cantidades deberán ser iguales. También necesitarás paciencia. Te llevará algo de tiempo ajustar tu hidrómetro y las medidas, pero seguro que tendrás éxito.

Necesitas:
Tu hidrómetro casero
Un vaso medio lleno de agua
Dos gomas elásticas
Dos cucharadas de sal

Cómo hacerlo:
Pon las gomas alrededor del vaso, una en la parte superior y otra en la inferior. Con cuidado, introduce el hidrómetro en el agua. Como sabes, debe flotar libremente, mantenerse derecho y no tocar la parte inferior del vaso. Coloca el hidrómetro junto a uno de los lados del vaso, con cuidado

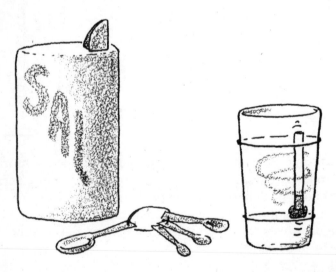

de no introducir el extremo abierto en el agua, y déjalo flotar libremente. Ajusta la goma de la parte inferior del vaso de modo que señale la parte *inferior* de la bola de plastilina del hidrómetro. Así medirás cuánto se introduce en el agua tu instrumento. Ahora, manteniendo la misma posición y vigilando los marcadores de las gomas, añade al agua, con cuidado y lentamente, la primera cucharada de sal y a continuación la segunda. Comprueba que el hidrómetro se mantenga sobre el nivel del agua todo el tiempo y que la parte superior de la pajita no se llene de agua o sal.

Qué sucede:
En el agua salada, el hidrómetro tiene un nivel de flotación más alto que el nivel de la goma inferior.

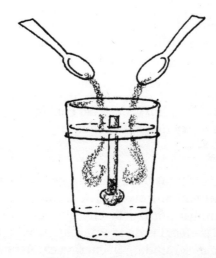

Por qué:
El agua salada es más densa o pesada que el agua del grifo, de modo que las moléculas de agua se desplazan menos por el peso del hidrómetro. La pajita se hunde menos en el agua salada y asciende con respecto a la goma superior.

¡Sí, C!

Con este experimento descubrirás el tiempo que tardan en disolverse las pastillas de vitamina C en agua fría o caliente (solubilidad).

Necesitas:
Dos pastillas de vitamina C
Un vaso con agua caliente
   del grifo
Un vaso con agua fría

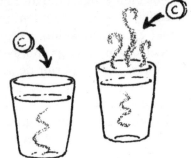

Cómo hacerlo:
Introduce una pastilla de vitamina C en el vaso de agua fría y otra en el vaso de agua caliente.

Qué sucede:
La pastilla de vitamina C del vaso con agua caliente se disuelve más deprisa que la del agua fría.

Por qué:
Las moléculas sólidas de la pastilla de vitamina C (soluto) en el agua caliente (disolvente) se disuelven más rápido o son más solubles porque la energía calorífica del agua hace que las moléculas de la vitamina C vibren y se muevan de forma más rápida. Sin energía calorífica estos cambios no pueden producirse de forma repentina.

La punta del iceberg

Si todos los icebergs que hay en el mar se fundieran, ¿se elevaría el nivel del mar? Este sencillo experimento te ayudará a encontrar la respuesta; está basado en un compuesto químico muy importante, ¡el agua!

Necesitas:
Un vaso
Agua caliente
Seis o siete cubitos de hielo

Cómo hacerlo:
Introduce en el vaso los cubitos de hielo que quepan; luego llena el vaso de agua caliente hasta el borde. Espera.

Qué sucede:
Cuando los cubitos se funden, el agua no rebosa.

Por qué:
Los cubos de agua sencillamente desplazan el agua del vaso, o lo que es lo mismo, la cantidad de hielo que se funde es equivalente a la masa de agua desplazada. Al igual que sucede con los cubitos de hielo del vaso, la parte mayor de los icebergs está bajo el agua. Si todos los icebergs se fundieran, tal y como ha sucedido con los cubitos de tu experimento, el nivel del mar permanecería igual.

El aire es real

¿Cómo sabes si el aire es real? Puesto que es invisible, naturalmente no puedes verlo. ¿Puedes probar si en realidad existe? El experimento siguiente te ofrecerá la respuesta. ¡Arremángate!

Necesitas:
Una tapa de plástico
Un vaso de agua (de plástico, transparente mejor)
Un cuenco u olla profundos, lleno de agua
Un cuentagotas

Cómo hacerlo:
Llena el vaso con agua. Pon la tapa sobre la boca del vaso. Déjalo en un lugar a mano. Luego, dale la vuelta al vaso con cuidado y colócalo bajo el agua de la olla hasta que esté completamente sumergido. No quites la almohadilla hasta que el vaso no esté sumergido del todo y tocando la superficie inferior de la olla.

Observa el nivel de agua del vaso. Inclínalo sobre un lado y con cuidado coloca debajo el cuentagotas. Aprieta el cuentagotas. Saca el cuentagotas de la olla y extrae el agua de su interior. Repite la misma acción (aprieta el cuentagotas vacío debajo del agua). Hazlo varias veces. Sabrás que estás realizando el experimento correctamente cuando, después de apretar el cuentagotas, veas que las burbujas entran en el vaso de agua.

Qué sucede:
Las burbujas de aire ascienden por el interior del vaso y disminuye el nivel del agua en el vaso.

Por qué:
Había aire en el interior del cuentagotas cuando lo presionaste. Las burbujas del interior del vaso eran el aire que salió del cuentagotas. Cuando «bombeaste» el aire en el

vaso con el cuentagotas, una y otra vez, te diste cuenta de que el nivel del agua en el vaso descendía. Puesto que el aire tiene que estar en alguna parte, desplaza al agua forzándola a salir del vaso. Ahora sabes que el aire existe de verdad. Y ocupa espacio.

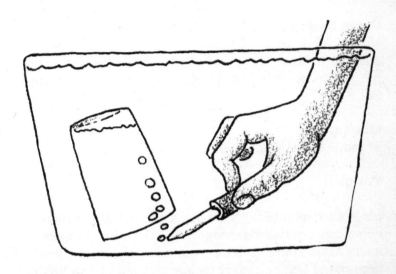

Taponazo

¿Qué sucede con el tapón de una botella cuando el aire está caliente?

Necesitas:
Una botella con tapón

Cómo hacerlo:
Humedece el tapón de la botella y colócalo al revés, en la parte superior del recipiente. Con suavidad, sitúa tus manos alrededor de la botella. Mantenlas así, pero sin apretar.

Qué sucede:
El tapón salta de la botella.

Por qué:
Cuando colocas tus manos alrededor de la botella, calientas el aire del interior y las moléculas del aire caliente se expanden y tratan de escapar. Al principio, el tapón húmedo actúa como un sello y mantiene el aire en su sitio, pero con el tiempo algo se escapa y empuja hacia fuera al tapón. Si no se cae y mantienes tus manos alrededor de la botella, puedes continuar en esta posición hasta que lo hagas saltar.

Banana split

¿Podrías introducir un plátano en una botella sin utilizar las manos? Asombra a tus amigos, convocándolos a una sesión de magia con experimento científico. Mira con atención porque el plátano es más rápido que tus ojos en esta sorpresa instantánea. Además, todo sucede con moléculas y aire.

Necesitas:
$^1/_2$ plátano, pelado
Una tetera con agua hirviendo
Una botella, larga y estrecha
    (la boca, del tamaño del plátano)
Un embudo
Un trapo de cocina

Cómo hacerlo:

Introduce el embudo en el cuello de la botella y con cuidado llénalo casi hasta arriba con el agua hirviendo (es aconsejable que te ayude una persona mayor). Quita el

Agua hirviendo embudo. Envuelve la botella con el trapo de cocina y con suavidad remueve el agua del interior; después, sácala. Con rapidez, ajusta la punta de la mitad del plátano en el cuello de la botella, hasta conseguir un tapón hermético. (Observa las variables —el tamaño del plátano y el cuello de la botella, la cantidad de agua caliente, el tiempo que tarda— y ¡sé paciente! Debes realizar este experimento varias veces hasta que te salga bien, pero te aseguro que ¡lo lograrás!)

Qué sucede:

El plátano es tragado por la botella.

Por qué:

El calor del agua caliente ocasiona que el aire del interior se expanda, y expulse una parte. Cuando introduces el plátano en la boca de la botella y el aire caliente del interior se contrae de nuevo, la presión interna del aire se reduce, y la mayor presión exterior del aire empuja el plátano hacia el interior de la botella. Este experimento te ayuda a comprender lo que sucede cuando se saca el aire de un espacio y no se reemplaza con nada (vacío parcial). Con sólo pequeñas diferencias en la presión del aire puedes conseguir que las cosas se muevan.

Y ahora qué:

Tienes que reciclar la botella, pero ¿y el plátano del interior? ¿Qué puedes hacer?

Esperar algunos días. Deja que las bacterias del plátano hagan su trabajo químico. Las bacterias emiten enzimas que descomponen las proteínas y los almidones. El plátano cambiará químicamente (fermentará) y se ablandará lo suficiente como para que puedas sacarlo con facilidad.

La fuerza del aire

Las moléculas del aire no sólo ocupan lugar sino que también pueden impedir que el agua entre en una botella.

Necesitas:
Un embudo
Una botella pequeña, de cuello estrecho
Un trozo de plastilina
Un vaso de agua

Cómo hacerlo:
Introduce el embudo en la botella. Ajusta un rollo alargado de plastilina en torno al embudo, en el cuello de la botella. Presiona la plastilina con firmeza para que quede sellada completamente y lograr una botella hermética. Luego, despacio, vierte un poco de agua en la botella, de vez en cuando. Continúa echando agua, hasta se vacíe el vaso.

Qué sucede:
Al principio, el agua entra en la botella, pero a medida que vas echando agua, entra cada vez menos. Por último, el embudo se llenará de agua y no entrará más.

Por qué:
Las moléculas del aire en la botella cerrada ejercerán presión y ocuparán todo el espacio, impidiendo que entre más agua.

Cosas secas

Las moléculas de aire pueden incluso impedir que un papel absorba la humedad de un vaso de agua.

Necesitas:
Un vaso pequeño
Una toalla o servilleta de papel
Un cuenco de cristal
Agua

Cómo hacerlo:
Estruja el papel y colócalo en el interior del vaso. Comprueba que el papel esté apretado para que no se salga. Llena el cuenco con agua. Luego, dale la vuelta al vaso e introdúcelo hasta que toque con la superficie interior del cuenco. Levanta el vaso, sin inclinarlo, y sácalo del cuenco. Una vez fuera, déjalo boca abajo hasta que se seque el borde por dentro y por fuera. Luego, saca el papel del vaso.

Qué sucede:
El papel que estaba dentro del vaso está seco.

Por qué:
Cuando introdujiste el vaso dentro del agua, las moléculas de aire no escaparon pero, en cambio, presionaron y actuaron como un escudo entre el agua y el papel. Entró algo de agua en el vaso, pero no la suficiente como para humedecer el papel. Las moléculas de aire ocuparon tanto espacio que se lo impidieron.

Espuma de jabón suave

¿Sabías que el agua puede ser dura o blanda? ¿Qué efecto produce en la espuma de jabón? (Vas a utilizar de nuevo dos compuestos químicos, epsomita y sosa o carbonato sódico.)

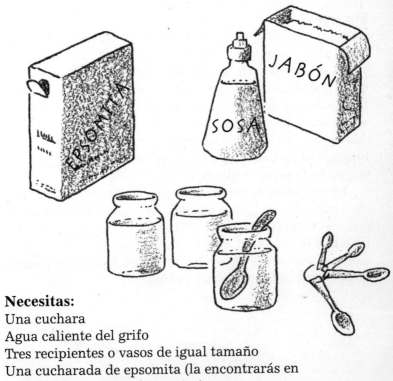

Necesitas:
Una cuchara
Agua caliente del grifo
Tres recipientes o vasos de igual tamaño
Una cucharada de epsomita (la encontrarás en
    supermercados o farmacias)
Una cucharada de sosa
Tres cucharaditas de jabón lavavajillas líquido

Cómo hacerlo:
Llena los tres recipientes con agua caliente. Pon la epsomita en uno de los recipientes. Remueve la solución completamente. Repite la operación con la sosa en el segundo de los recipientes. Añade una cucharadita de jabón líquido a cada uno de los recipientes, incluyendo el que tienes

con agua del grifo. Agita cada una de las soluciones, hasta que consigas espuma de jabón.

Qué sucede:
Se forma espuma en el recipiente de la sosa, pero se hace muy poca en el que contiene agua con epsomita.

Por qué:
La sosa «ablanda» el agua, mientras que la epsomita es un mineral que convierte el agua en «dura».

El agua del grifo a menudo contiene sales de calcio, que detienen la formación de espuma de jabón. Si el agua tiene sales, es agua «dura». La sosa «ablanda» o neutraliza las sales de calcio del agua y forma una sustancia sólida, un precipitado, que se deposita en el fondo de una solución cuando tiene lugar una reacción química. (Éste es el origen de la espuma que se forma en la bañera.)

La epsomita es un mineral que endurece el agua. Por esta razón no se forma espuma de jabón. ¿Con agua del grifo se formaría espuma? ¿El agua de tu grifo es dura, blanda o intermedia? Vacía los recipientes y tira las soluciones. ¿Qué observas en los laterales de los recipientes que contenían la epsomita y la sosa?

¿DÓNDE ESTÁ SUPERMÁN?

¿Y CLARK?

Cuando Clark Kent se transforma en Supermán, ya no es la misma persona. Clark desaparece cuando Supermán vuela por el aire.

A veces, a las reacciones o cambios químicos les sucede lo mismo que a Clark y Supermán. Después de un cambio o reacción química, las moléculas de una sustancia ya no son las mismas. La sustancia ha cambiado completamente.

Los cambios químicos ocurren todos los días, en todas partes; nuestros cuerpos son fábricas químicas. Los alimentos que comemos se combinan con el oxígeno y producen un cambio químico que libera calor y energía. Otros cambios químicos son la combustión de carbón, petróleo, gasolina y madera. Los químicos también producen cambios químicos que dan lugar a nuevos productos, como vestidos, plásticos, productos para la limpieza, pinturas y alimentos.

En este capítulo, obtendremos oxígeno de un compuesto, produciremos dióxido de carbono a partir de otras sustancias y también crearemos un nuevo compuesto químico, un precipitado, a partir de dos sustancias.

Éstos son sólo algunos de los ejemplos de entre los muchos experimentos apasionantes en los que los átomos se reordenan para crear nuevas sustancias.

Papel tornasol de bayas

Aprende a fabricar tu propio papel tornasol para realizar los tests de acidez o alcalinidad. Puedes hacerlo con bayas, ¡es muy fácil!

Necesitas:
$^1/_2$ taza de bayas (moras, arándanos o fresas)
Tiras pequeñas de cartulina blanca
Un cuenco pequeño
Un tenedor
Agua
Una cucharilla
Toallitas de papel

Cómo hacerlo:
Quita los tallos y coloca las bayas en un cuenco. Aplástalas con el tenedor hasta que parezcan mermelada. Añade un poco de agua al jugo. Moja las tiras de cartulina en el jugo y con la cucharilla riégalas hasta que estén bien empapadas. Desliza las tiras entre tus dedos pulgar e índice para quitar la pulpa. Coloca las tiras sobre las toallitas de papel hasta que se sequen. Quita los trocitos que hayan quedado de pulpa o piel de las bayas y tendrás listo para usar tu papel tornasol de bayas.

¿QUÉ SIGNIFICAN LOS CAMBIOS DE COLOR?

El tornasol de moras morado se vuelve rojo-rosáceo con los ácidos y se hace más morado con los compuestos alcalinos. Estas tiras son muy buenas para las pruebas tornasol porque reproducen la mayoría de los cambios.

El tornasol de arándanos morado se transforma en morado-rojizo con los ácidos y en morado-azulado con los alcalinos.

El de fresas rosa (aunque no es tan llamativo como en los anteriores) se vuelve rosa brillante con los ácidos y rosa-azulado claro con los alcalinos.

¿Confundido del todo? ¡No te preocupes! Te diremos cómo recordar todo esto fácilmente: el aumento de rojo indica las reacciones ante los ácidos y el incremento de azul las que se producen con los compuestos alcalinos.

Lotería tornasol

¿Estás listo para utilizar tu papel tornasol de bayas casero? Al introducir el papel en diferentes soluciones, descubrirás si las sustancias son ácidas o alcalinas. Con esta prueba descubrimos la cantidad de acidez o alcalinidad que tiene una sustancia, es decir, comprobamos el pH.

Necesitas:
Dos tiras de papel tornasol de bayas casero
Dos recipientes pequeños, uno con tapa
Tres cucharadas de jabón lavavajillas líquido
$\frac{1}{2}$ taza de agua
$\frac{1}{4}$ taza de vinagre
Papel y lápiz
Algunos periódicos

Cómo hacerlo:

Primero lee el epígrafe «¿Qué significan los cambios de color?», antes de continuar. Coloca el agua y el jabón líquido en el recipiente con tapa, ciérralo y agita bien la mezcla. Pon el vinagre en el otro envase. Moja las tiras de papel tornasol en las soluciones. Elabora hipótesis o conjeturas sobre las posibilidades de cambio en el color, según sean las soluciones ácidas o alcalinas. Escribe el nombre de las dos soluciones en un papel (jabón lavavajillas líquido o vinagre) y apunta las respuestas. Luego pon a secar las tiras sobre toallitas de papel (unos cinco minutos, aproximadamente) y rotúlalas con el nombre de la solución con que las empapaste y los cambios de color que observes. ¿Eran correctas tus hipótesis?

Qué sucede:

El papel tornasol empapado con vinagre es más rojo. En cambio, el impregnado en agua jabonosa es más azul.

Por qué:

El vinagre es ácido acético, mientras que el agua jabonosa es un compuesto alcalino. Los papeles tornasol coloreados con las bayas son tests seguros para determinar si las sustancias son ácidas o alcalinas.

Nota: Guarda los recipientes, el papel tornasol, el lápiz y el papel para el experimento siguiente.

Otra lotería tornasol

¿Estás listo para realizar más pruebas con el papel tornasol? Básicamente tendrás que hacer las mismas cosas que en el capítulo «Lotería tornasol», pero con sustancias diferentes.

Necesitas:
2 tiras de papel tornasol de bayas
$^1/_2$ taza de agua, con 2 o 3 chorreones de limpiacristales con amoníaco (*¡Sé cuidadoso! ¡Esta solución puede ser dañina! ¡Tírala cuando termines!*)
$^1/_4$ taza de zumo de limón

Manipula con mucho cuidado

Cómo hacerlo:
Moja las tiras de papel tornasol y apunta tus hipótesis y los resultados, del mismo modo en que lo hiciste en el capítulo anterior, «Lotería tornasol».

Qué sucede:
El tornasol empapado en el zumo de limón se pondrá más rojo, sin embargo el mojado en el limpiacristales con amoníaco estará más azul.

Por qué:
El zumo de limón es un ácido, llamado ácido cítrico, mientras que la solución con amoníaco es un compuesto alcalino. ¿Podrías adivinar qué otras frutas tienen ácido cítrico y comprobar tus hipótesis?

Fuerza pH

Usa de nuevo tus tiras de papel tornasol de bayas para realizar tests al agua del grifo, la tierra, el agua de una piscina o el agua de un charco, incluso a tu propia saliva.

Necesitas:
Tiras de papel tornasol de bayas caseras
Recipientes (frascos pequeños, vasos de papel, tarrinas de
    margarina)
Muestras para realizar los tests:
    Tierra con agua
    Agua del grifo
    Agua de un charco, lago o río
    Saliva
    Cualquier otra cosa que te apetezca

Cómo hacerlo:
Moja las tiras de papel tornasol en las muestras (véase el epígrafe «Cómo hacerlo» del capítulo «Lotería tornasol»).

Qué sucede:
Las tiras cambiarán de color en función de si las muestras son más ácidas o alcalinas.

Por qué:
Los papeles tornasol son pruebas eficaces para las sustancias ácidas o alcalinas (véase el capítulo «¿Qué significan los cambios de color?»).

Busca almidón

¿Cómo sabes si algunas sustancias contienen almidón? El almidón, que se encuentra en las plantas, nos proporciona energía (azúcares y grasas, también). Los químicos tienen mucho interés en el almidón porque es un compuesto formado por carbono, hidrógeno y oxígeno. Este experimento te permitirá descubrir si una solución contiene almidón.

Necesitas:

Una botella de plástico de $^1/_2$ litro o un
    recipiente parecido, lleno en sus tres cuartas
    partes
Dos cucharaditas de maicena
Una cuchara (de plástico desechable, mejor)
Veinte gotas de tintura de yodo

**Manipula con
mucho cuidado**

Nota: *El yodo es un agente químico venenoso.* Pide a una persona mayor que te ayude, si lo necesitas, y ¡tira los restos del experimento químico cuando termines! Luego, lava *concienzudamente* todos los utensilios que vayas a guardar.

ENERGÍA VEGETAL

Las plantas no comen. Obtienen su propio alimento de la energía solar (un proceso llamado fotosíntesis). Transforman el agua y el dióxido de carbono en glucosa, un tipo de azúcar, y en oxígeno. El azúcar se convierte más tarde en almidón. Tanto el azúcar como el almidón ayudan a vivir a las plantas.

Cómo hacerlo:

Echa las cucharadas de maicena en la botella de agua. Añade las gotas de yodo al agua. Dale vueltas en forma de remolino y deja «descansar» la solución, durante algunos minutos.

Qué sucede:

El agua adquiere un color azul oscuro o morado.

Por qué:

El yodo es un buen test para el almidón. Se combina químicamente con el almidón, en este caso con la maicena, y produce el color azul oscuro. Los químicos usan normalmente yodo con este propósito.

Mira el yodo en la tabla periódica de los elementos. ¿Qué información te proporciona sobre el átomo de yodo?

El gran escape de oxígeno

¿Puedes añadir o sustraer un átomo de un compuesto, y liberar uno de sus elementos? ¡Presta mucha atención! En realidad, el oxígeno escapará ante tus propios ojos en este experimento eléctrico y emocionante.

Necesitas:

Un poco de óxido (ráspalo de algún objeto de hierro viejo)
Una cucharada de agua oxigenada
Una botella o frasco pequeño (para guardar el agua
    oxigenada)

Un recipiente pequeño y profundo o un cuenco, lleno con
    agua caliente del grifo
Plastilina
Una lupa

Cómo hacerlo:
Pega un trozo pequeño de plastilina en el fondo del frasco.
(Actuará como un ancla y lo mantendrá firme bajo el
agua.) Pon el agua oxigenada en el frasco e introduce también el óxido de hierro. Ahora, colócalo en el cuenco, lleno
de agua caliente, y presiónalo contra el fondo. Observa
con la lupa y con atención lo que sucede en el frasco.

Qué sucede:
Salen pequeñas burbujas del frasco de agua oxigenada.

Por qué:
Una molécula de agua oxigenada (H_2O_2) contiene un átomo más de oxígeno que una molécula de agua (H_2O).
Cuando introduces el óxido de hierro en el frasco y éste en
el cuenco de agua caliente, se produce un cambio químico.
Las burbujas que aparecen son en realidad agrupamientos
de átomos de oxígeno «extras» que se liberan del agua
oxigenada.

Proteína borradora

Las proteínas son compuestos químicos complejos. Una proteína llamada gluten se encuentra en los cereales, especialmente en el trigo. Veamos ahora un uso atípico del gluten del pan.

Necesitas:
Una rebanada de pan
Papel y lápiz

Cómo hacerlo:
Con el lápiz, sombrea dos o tres áreas oscuras sobre el papel. Toma un trozo del pan y frótalo con fuerza sobre las áreas sombreadas del papel.

Qué sucede:
El pan actúa como una goma de borrar y limpia el papel.

Por qué:
La proteína (gluten) del pan es viscosa. Al frotar la rebanada de pan contra las zonas sombreadas, te llevas las marcas del papel con la proteína pegajosa.

LIMPIADOR DE PAN

¿Sabías que muchos científicos usan el gluten para limpiar cosas? Pero ¿qué cosas? La proteína pegajosa del pan borró las marcas del lápiz, pero ¿podría limpiar otras cosas? Mancha tus dedos con tierra, aceite o mermelada. Restriégalos contra un papel, marcando zonas de suciedad. Luego comprueba cómo se limpian con el pan.

Vamos, coloréame

¿Qué sucede cuando pones algo de limón dentro de una taza de té?

Necesitas:
Una taza de té oscuro (puede ser frío o caliente)
Un limón, cortado en cuatro partes

Cómo hacerlo:
Exprime un poco del primer cuarto de limón sobre el té. Continúa incrementando la cantidad de limón, exprimiendo por completo los cuatro cuartos.

Qué sucede:
El limón decolora comple-
tamente el té.

Por qué:
El ácido cítrico del limón es un agente blanqueador que reacciona químicamente con el tinte del té, aclarándolo.

Carrera de detergentes

¿Cómo lavan los detergentes?

Necesitas:
Dos frascos de tamaño medio, uno con tapa, llenos
    de agua
Unos trozos de cuerda blanca
Una cucharada de detergente líquido o en polvo

Qué sucede:
Añade el detergente a uno de los frascos. Coloca la tapa y agítalo bien, luego destápalo. El otro frasco déjalo sólo

con agua clara. Después, introduce tres o cuatro trozos de cuerda en cada uno de los frascos y observa lo que ocurre.

Por qué:
Las cuerdas del recipiente con agua jabonosa están en el fondo, empapadas de agua. La mezcla de agua y detergente es una emulsión. Esta emulsión permite que las cuerdas se humedezcan con más rapidez. La sencilla idea de usar detergente como un «agente humectante» permite extraer la suciedad de la ropa.

Guarda los materiales para el experimento siguiente.

Limpio como un silbato

Ahora sí que vamos a desafiar al agente detergente, usando cuerdas sucias.

Necesitas:
Los frascos con agua y la solución de agua jabonosa del
    experimento anterior
Más trozos de cuerda
Sustancias para ensuciar las cuerdas: grasa, aceite,
    tierra, mermelada, zumo, etc.
Una cuchara

Cómo hacerlo:
Ensucia varios pares de cuerda con zumo, grasa, tierra, aceite, ketchup, mostaza o cualquier otra cosa que tengas a mano; luego introduce un trozo de cada par en cada uno de los frascos. Agita bien el contenido de cada recipiente. Después de 10 minutos, saca las cuerdas.

Qué sucede:

Las cuerdas que estaban en la solución jabonosa están limpias, mientras que las que estaban en el agua clara no lo están.

Por qué:

De nuevo, el efecto emulsionante del detergente en el agua empapa completamente las cuerdas y extrae fácilmente la suciedad que contienen. Puedes verla en la solución jabonosa.

Descubre limpiadores

Los químicos siempre están trabajando con nuevos productos y tratando descubrir cuáles limpian mejor. Algunos alimentos cotidianos, de los que tienes normalmente en la cocina, son buenos limpiadores, pero ¿cuáles son?

Necesitas:

Trozos de tela de algodón blanco
Margarina, aceite o mantequilla (para ensuciar las telas)
Toallitas de papel
$^1/_4$ de limón
$^1/_4$ de cebolla
Vinagre
$^1/_2$ taza de leche entera
Un rotulador

Cómo hacerlo:

Mancha las telas con margarina, aceite o mantequilla. Comprueba que las manchas no estén muy juntas. Coge las telas y extiéndelas sobre una superficie dura en la cocina. Exprime zumo de limón sobre una toallita de papel y, con las telas extendidas en la cocina, frota las toallitas empapadas en zumo de limón sobre las manchas. Restriega con fuerza y trata de quitar la mancha. Estruja la cebolla sobre otra toallita de papel, y con el jugo que obtengas, repite la operación para intentar quitar alguna mancha. Haz lo mismo con las otras dos sustancias. Anota sobre las telas y las manchas las respectivas sustancias que utilizaste para limpiarlas.

Qué sucede:

El limón, la cebolla y el vinagre limpian un poco las manchas, pero no tanto como la leche.

Por qué:

La leche realiza mejor su trabajo de neutralización o destrucción de las manchas. Éste es un caso del capítulo «Cómo se disuelve». La grasa de la leche entera disolverá las manchas de grasa, producidas por la mantequilla o la margarina. Las sustancias que tienen grasas semejantes se disolverán unas en otras.

64

Extintores

Construye tus propios extintores de fuego con algunos materiales caseros.

Necesitas:

Un frasco grande de boca ancha y con tapa	Un clavo largo
	Un martillo
Dos tazas de agua	Una cuchara
Tres cucharadas de bicarbonato	Un frasco pequeño
$^1/_2$ taza de vinagre	

Cómo hacerlo:

Primero, coloca la tapa del frasco grande del revés sobre una piedra o un banco de trabajo viejo o una tabla y con el martillo y el clavo haz un agujero que la atraviese. (Pide ayuda a un adulto, si lo necesitas.)

Vierte el agua en el frasco grande. Añade y mezcla el bicarbonato. Llena el frasco pequeño con vinagre y, con cuidado, colócalo, sin tapa, en el interior del frasco grande, asegurándote de que no se vuelque el contenido. Enrosca la tapa *perforada* sobre el frasco grande. *Dale la vuelta al frasco, sobre el fregadero, con cuidado de mantenerlo alejado de tu cara.*

Ten cuidado al manipular el frasco

Qué sucede:
Por el agujero de la tapa sale un chorro de un líquido espumoso.

Por qué:
El bicarbonato (bicarbonato de sodio) apaga el fuego, cuando se usa en los extintores. En tu versión casera, el vinagre (ácido acético) mezclado con el bicarbonato produce gas dióxido de carbono (CO_2), que sofoca el fuego.

El rebote del huevo

¿Puede un huevo experimentar cambios químicos al entrar en contacto con diferentes compuestos?

Necesitas:

Dos huevos crudos enteros   Un vaso de vinagre
   (con la cáscara)
Un vaso de agua

Cómo hacerlo:
Introduce un huevo en el vaso de agua y déjalo ahí durante **24 horas.** Mete el otro huevo en el vaso con vinagre y déjalo el mismo tiempo.

Qué sucede:
El huevo del vaso de agua está igual, mientras que el huevo del vaso de vinagre tiene la apariencia y el tacto de una pelota de goma y ¡ya no tiene cáscara! Si lo lanzas sobre el fregadero, desde una pequeña altura, verás como rebota. Ahora que conoces el experimento, comprendes el título.

Por qué:

El huevo, introducido en el vinagre, experimenta un cambio químico. El ácido acético (vinagre) reacciona con el carbonato de calcio de la cáscara del huevo. El cambio provoca que la cáscara se ablande y desaparezca, mientras que el huevo del vaso de agua no experimenta cambios químicos. Los químicos dirían que la cáscara del huevo del vaso de vinagre se ha «descalcificado».

Huesos flexibles

¿Puedes ablandar e incluso doblar los huesos de pollo? Realiza el experimento y lo comprobarás.

Necesitas:
Un frasco grande y de boca ancha
Una taza de vinagre
Algunos huesos de pollo limpios
    (mejor los del muslo)

Cómo hacerlo:
Vierte el vinagre en el frasco e introduce los huesos limpios. Asegúrate de que los huesos estén cubiertos por completo por el vinagre. Déjalos en maceración durante **dos días.**

Qué sucede:
Los huesos de pollo ya no son duros, sino blandos.

Por qué:
Los huesos de pollo están formados fundamentalmente por minerales de calcio y fósforo. Al permanecer en remojo en el vinagre (ácido acético), se opera un cambio químico y la materia mineral se disuelve.

Descalcificador de agua

¿Te gustaría fabricar tu propia solución para el baño? Esta solución descalcificará el agua, la convertirá en agua blanda y hará más espuma; por lo tanto, limpiará mejor. Es divertido y fácil, y además es química de verdad.

Necesitas:

$^1/_2$ taza de bicarbonato
Un frasco de tamaño mediano,
    limpio, con tapa y
    lleno de agua

Un plato pequeño
Una cuchara

Cómo hacerlo:

Echa un poco de bicarbonato en el plato. Con el dorso de la cuchara, aplasta los cristales de bicarbonato hasta que los reduzcas a un polvo fino. Con la cuchara, vierte el polvo de bicarbonato en el frasco de agua, un poco cada vez, hasta que no se disuelva más. (Si lo necesitas, aplasta más bicarbonato y cuando tengas el polvo añádelo al frasco con agua.) Habrás obtenido una «solución saturada». Guarda la solución en el frasco y añade una pequeña cantidad al agua cuando te des un baño.

Qué sucede:

El bicarbonato se disuelve en el agua y produce un agua de baño natural y descalcificada.

Por qué:

El bicarbonato de sodio, llamado bicarbonato a secas, neutraliza o ablanda el agua al extraer las sales duras, como, por ejemplo, las de calcio. Cuanto esto sucede, los químicos lo denominan precipitación, pero a diferencia del pronóstico del tiempo, no significa lluvia, el agua blanda que cae del cielo. Aquí, precipitación es la unión química de las sales de calcio y el bicarbonato, que forman una sustancia sólida, un precipitado. (Véase también «Precipitado preparado precipitadamente».)

SOLUCIÓN DE BAÑO DE DISEÑO

Añade una colonia especial, esencias u otros ingredientes, como por ejemplo, colorantes, para que tu solución tenga un buen olor. Coloca tu descalcificador de baño especial en frascos de formas imaginativas y átales alguna cinta de colores. Es un regalo casero, bueno y barato, ¡y lo consigues con un experimento químico sencillo!

Monedas de plata brillantes

¿Por qué no elaboras tu propio limpiador para la plata? Es más barato y mejor que los que venden en las tiendas.

Necesitas:

Un recipiente pequeño con agua
Una cucharadita de bicarbonato
Una cucharadita de sal
Una hoja de papel de aluminio
Una olla pequeña, esmaltada
    o de cristal

Monedas de plata
Agua
Utilización de una
    cocina
Un trapo

Cómo hacerlo:

En el recipiente pequeño, disuelve la sal y el bicarbonato con una pequeña cantidad de agua. Coloca las monedas en el agua, de forma que las cubra. Llena la olla pequeña con agua. Despedaza el papel de aluminio en varios fragmentos y añádelos a la olla. Caliéntalo en la cocina hasta que

Agua hirviendo

hierva (tal vez necesites pedir ayuda a una persona mayor), apaga el fuego y deja que el agua se enfríe. Saca las monedas de las solución de sal y bicarbonato. Enjuaga las monedas en el agua con aluminio, ya fría, y sécalas con el trapo.

Qué sucede:

Ahora eres el orgulloso propietario de unas monedas brillantes y de limpieza centelleante.

Por qué:

Entre la sal y el bicarbonato y la solución de papel de aluminio se llevan a cabo una serie de reacciones químicas. El calor convierte el agua y el papel de aluminio en una solución electrolítica, que trasmite una corriente eléctrica moderada y quita la opacidad de las monedas.

Cobrizo

¿Puedes ver las figuras de una moneda o de cualquier objeto de cobre oscuro? Si está muy oscuro y deslustrado, será difícil. Pero si empleas unos cuantos minutos y un poco de química sencilla, transformarás el cobre oscuro, opaco y sucio en un objeto lustroso y brillante.

Necesitas:
Algún objeto de cobre oscuro y sucio
Un recipiente pequeño y plano
Dos vasos desechables
Una cucharadita de sal
Una cucharada de agua
Dos cucharadas de vinagre
Un cuentagotas
Toallitas de papel

Cómo hacerlo:
Coloca los objetos en el recipiente. En uno de los vasos, haz una solución con la sal y el agua. Pon el vinagre en el otro vaso. Con el cuentagotas, vierte sobre los objetos de cobre unas gotas de la solución salina y otras de vinagre. Repite estos pasos y mantén los objetos de cobre en la solución durante cinco minutos. Limpia los objetos frotándolos con una toallita de papel húmeda.

Qué sucede:
Los objetos de cobre se vuelven brillantes y la película de suciedad se quita.

Por qué:
El vinagre (ácido acético) cuando se combina con la sal (cloruro de sodio), se convierte químicamente en una solución débil de ácido hidroclorídico. El ácido hidroclorídico limpia los metales. Poco tiempo después, los objetos de cobre se oxidarán, o lo que es lo mismo, se volverán sucios y oscuros de nuevo.

Fuerza invisible

El gas no se ve ni se toca, pero empuja con fuerza.

Necesitas:

Un fragmento de filtro de café
   cuadrado de unos 10 cm
Tres cucharaditas de bicarbonato
Un cuenco de agua,
   poco profundo
Una goma elástica

Un frasco alto y
   estrecho, lleno
   de agua
Un rotulador
Una lupa

Cómo hacerlo:

Extiende el filtro y coloca en el centro el bicarbonato. Une las cuatro esquinas y forma una bolsa; ciérrala con la goma. Introduce la bolsa de bicarbonato en el frasco delgado con agua y coloca tu mano sobre la abertura. Con una mano en la base del frasco y otra en la boca, dale la vuelta y sitúalo sobre el cuenco de agua. Quita las manos. Señala con el rotulador la línea del nivel del agua en el frasco. Obsérvalo con la lupa. Sé paciente, debes esperar al menos una hora para obtener resultados.

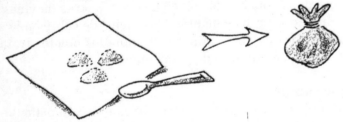

Qué sucede:

Unas burbujas ascienden desde la bolsa, situada en el fondo, hacia la superficie. Algunas burbujas se adhieren a los laterales del frasco. Al cabo de una hora, el nivel del agua habrá descendido un poco por debajo de la línea marcada con anterioridad.

Por qué:

Al disolverse el bicarbonato de la bolsa en el agua, produce gas dióxido de carbono (CO_2). Este gas necesita espacio en el frasco, de modo que desplazará al agua o la forzará a salir, disminuyendo su nivel del agua.

La mano de King Kong

La mano de King Kong debía de ser muy grande para poder sostener con ella a una chica. Ahora, tú puedes lograr una mano gigante con sólo unos cuantos materiales. Sin las rayas del rotulador, la mano podrá ser una ubre de vaca, la bolsa en la que la vaca contiene su leche. Lo mires por donde lo mires, es sólo química; descubrirás de este modo un importante gas conocido por todos los químicos.

Necesitas:

Un guante de látex desechable
$1/4$ taza de bicarbonato
$1/2$ taza de vinagre
Un rotulador marrón o negro (optativo)

Cómo hacerlo:

Necesitarás para este experimento la ayuda de un amigo que actúe como asistente; es aconsejable que lo realices sobre el fregadero o un cuenco en la cocina, ya que puede ser algo ¡sucio!

Para realizar la mano de King Kong, haz rayas verticales con el rotulador sobre la superficie del guante para semejar la mano peluda del monstruo. Si lo que estás haciendo es una ubre de vaca, no hagas marcas en el guante.

Pide a tu ayudante que sostenga el guante sobre el fregadero mientras tú introduces el bicarbonato y, a continuación, el vinagre. Luego, con gran rapidez, cierra el guante con tu mano, herméticamente. Manténlo estirado durante algunos minutos.

Qué sucede:

El guante se infla como un globo y transcurridos algunos minutos se deshincha y vuelve a su tamaño normal.

Por qué:

Cuando mezclas el bicarbonato y el vinagre, obtienes un gas muy conocido llamado dióxido de carbono (CO_2). Se produce cuando la solución se hace efervescente y echa espuma; podría derramarse, si no cierras el guante. Una vez que el gas está atrapado y no tiene adónde ir, el guante se hincha. Finalmente, la reacción crece menos, el gas logra escapar y el guante recupera su tamaño normal.

¡ESTO ES UN GAS!

El bicarbonato (bicarbonato de sodio) es un compuesto formado por los elementos hidrógeno, sodio, oxígeno y carbono. Cuando se le añade vinagre (agua y ácido acético) tiene lugar una reacción química; cuando los elementos carbono y oxígeno se unen forman un nuevo compuesto gaseoso denominado dióxido de carbono. (Si quieres saber más cosas sobre los experimentos con dióxido de carbono, mira el capítulo «El laboratorio: CO_2 y tú».)

---

cina con papeles de periódico.
ba con agua y añádele las dos cu-
alo en la mitad de una hoja de pe-
y a mano otros periódicos, por si
bla las servilletas de papel y, en el
roduce algunos trocitos de tizas de
hácalas hasta obtener un polvo fino.
ta un lado de la servilleta y echa el
asos desechables, tantos como colores
ucharada de aceite a cada vaso, y agí-
nedor o cuchara de plástico. Vierte el
uno de los vasos en el cuenco con agua.
do por la

e
go,
xtiende
e la su-
agua y
tinuación.
car, sobre papel de periódico y durante **24 ho**-
peles coloreados. Cuando estén secos del todo,
tando con la servilleta de papel, los granos de
haya.

cede:

Este coloreado se adhiere al papel y compone patro-
ne culares y veteados.

Por qué:

Las moléculas cargadas negativa y positivamente se
atraen unas a otras. Las moléculas de tiza (un tipo de carbonato de calcio) y de vinagre (ácido acético) y el agua y la
superficie del papel se combinan químicamente para originar un enlace químico que produce los colores arremoli-
nados adheridos al papel.

Ejercicios exotérmicos

¿Qué clase de cambio químico se experimenta cuando
mezclas levadura y agua oxigenada? Este experimento,
muy divertido, está vinculado con el aumento de la temperatura.

Necesitas:

Un termómetro
Un cuenco pequeño
Una cucharada rasa de levadura en polvo
$1/4$ taza de agua oxigenada
Una cuchara
Lápiz y papel

Cómo hacerlo:

Anota la temperatura que aparez-
ca en el termómetro y, luego, introdúcelo en el cuenco. Pon
el agua oxigenada, añade la levadura y remueve la solución. Mientras observas lo que sucede, toca los laterales y
el fondo del cuenco. Espera uno o dos minutos; luego saca
el termómetro y anota de nuevo la temperatura que señale.

Qué sucede:

La solución hace espuma y burbujas y notas que los laterales y el fondo del cuenco están muy calientes. Además,
sale vapor. Las altas temperaturas que registra el termómetro te indicarán cuánto calor se ha producido.

Por qué:

Cuando se mezclan químicamente la levadura y el agua
oxigenada, esta última se transforma en moléculas de oxígeno y agua. Las burbujas son el resultado de la fuga del
gas oxígeno al producirse el cambio químico. Este cambio
también produce calor. Y el cambio químico que genera
calor se llama proceso exotérmico.

Ola de frío endotérmica

Si un cambio químico puede producir calor (exotérmico), ¿podrá también generar frío?

Necesitas:

Un termómetro
Una cucharada de magnesia (sulfato de magnesio)
Agua del grifo, ni fría ni caliente
Una cuchara
Un frasco de tamaño mediano
Lápiz y papel

Precaución: El sulfato de magnesio puede producir una solución dañina. Elimínalo con cuidado, cuando termines de usarlo.

Cómo hacerlo:

Llena el frasco con agua del grifo. Introduce el termómetro. Toca el frasco con una mano para apreciar la frialdad, mientras que esperas hasta que el termómetro registre la temperatura del agua. Anota la bajada de temperatura. Luego, remueve el sulfato de magnesio. Toca de nuevo el frasco. ¿Se ha producido algún cambio? Después de un par de minutos, saca el termómetro y apunta de nuevo la temperatura.

Qué sucede:

El frasco se percibe algo más frío y la temperatura del agua después de los cambios químicos es realmente más baja.

Por qué:

En el experimento anterior del capítulo «Ejercicios exotérmicos», se produjo un cambio químico generador de energía calorífica. Pero otras veces, por el contrario, el calor se consume cuando acontece un cambio químico. Al añadir sulfato de magnesio al agua se consume la energía

calorífica natura[...]
to y magnesi[...]
positiva o neg[...]
se pierden o se[...]
El cambio quím[...]
dotérmico porque[...]
que se produce. És[...]
fría y por la que se u[...]
papar un tobillo torci[...]

¡Sencillamente m[...]

Envuelve algunos regalitos con tu pape[...]
marmóreo. Cuando se seque, este papel [...]
gamino, un tipo de papel crujiente, arrug[...]
¡Es crujiente, veteado y sencillamente mar[...]

Necesitas:

Tizas de colores*
Papel blanco*
De dos a seis vasos desechables*
Un martillo o una piedra dura
   (para triturar las tizas)
Dos cucharadas de vinagre
Toallitas o servilletas de papel
Un plástico desechable
Un cuchara o tenedor, de plástico

Un cuenco
   (de plásti[...]
Un periódico [...]
Agua
Aceite de cocin[...]

*Las cantidades dependen de la cantidad de papel y de [...]
intensidad del color que desees.

Precipitado preparado precipitadamente

¡Apuesto a que no puedes pronunciar esta frase diez veces con rapidez! Pero sí puedes hacer un precipitado en unos segundos. Recuerda, un precipitado es una sustancia que se forma cuando se produce una reacción o un cambio químico. Esta sustancia, además, es insoluble. Lo que significa que no se disuelve ni se mezcla de modo uniforme, como sucede en una solución.

Necesitas:
Un frasco pequeño lleno hasta la mitad de agua
Una cucharadita de magnesia (sulfato de
    magnesio)
Limpiacristales con amoníaco

Cómo hacerlo:
Disuelve la magnesia en el frasco y añade unos cuantos chorros del limpiacristales.

Qué sucede:
La solución adquiere un tono blanco lechoso.

Trata las sustancias químicas con cuidado

Por qué:
Cuando el sulfato de magnesio se mezcla con hidróxido de amoníaco (solución amoníaca), se forma un nuevo compuesto químico. El líquido blanco lechoso es un precipitado de hidróxido de magnesio.

Y ahora:
Repite la misma actividad, pero esta vez utiliza alumbre (lo encontrarás en la droguería de un supermercado) en sustitución de la magnesia. Obtendrás un nuevo precipitado denominado hidróxido de aluminio. Compara el cambio de color del hidróxido de magnesio con el del hidróxido de aluminio.

SOLUCIONES SALADAS

Y DULCES ÉXITOS

Sin sal y azúcar, la vida sería muy sosa. Pero lo más importante es que no podríamos vivir sin un equilibrio exacto de azúcar y sal en nuestros cuerpos. En este capítulo, averiguaremos qué son estos compuestos químicos y cómo actúan.

SAL Y AZÚCAR

La **sal** (ClNa) es un compuesto mineral, una combinación de dos elementos, y es también una sustancia cristalina. Cada cristal de sal está formado por millones de átomos que se fijan unos a otros. La sal está compuesta de los elementos sodio y cloro. El sodio es un metal sólido y el cloro es un gas verdoso. Por sí mismos, estos dos elementos químicos son extremadamente peligrosos, pero cuando se combinan en un compuesto, se convierten en sal de mesa común.

El **azúcar** es un carbohidrato o un compuesto químico formado por carbono, hidrógeno y oxígeno. El azúcar común, el que consumimos, es sacarosa. Otros tipos de azúcares son glucosa, fructosa, lactosa y maltosa.

Carrera de terrones de azúcar

¿En qué se disolverán más rápido los terrones de azúcar, en agua fría, caliente o templada? Haz una carrera y lo averiguarás.

Necesitas:
Terrones de azúcar
Un vaso transparente de agua del grifo fría
Un vaso transparente de agua del grifo muy caliente
Una cuchara
Papel y lápiz

Cómo hacerlo:
Mete un terrón de azúcar en el agua fría y remuévelo hasta que desaparezcan o se disuelvan los cristales por completo. Continúa echando terrones al agua, uno a uno —cuéntalos— hasta que no se disuelva más azúcar. Sabrás que ha

llegado el momento cuando los granos de cristal de azúcar se depositen en el fondo del vaso.

Luego, repite esta actividad pero utilizando agua caliente. Asegúrate de contar el número de terrones que se disuelven en cada uno de los vasos de agua. Anota los resultados. ¿En cuál se han disuelto más terrones de azúcar?

Qué sucede:
Se disolverán menos terrones en el agua fría que en la caliente.

Por qué:
El primer terrón de azúcar se disuelve por completo en cada uno de los vasos, hasta el punto de no apreciarse a simple vista los cristales de azúcar. Luego, a medida que vas añadiendo terrones, la solución alcanza un punto en el que los cristales no desaparecen y se observan con gran facilidad. Los científicos y los químicos definen esto como una solución saturada. La causa por la que se disuelve más azúcar en el agua caliente que en la fría, es que cuando el agua está caliente, sus moléculas se mueven más rápido y con mayor amplitud. Como resultado de ello, el espacio entre las moléculas de agua llega a ser mayor, dejando hueco para más moléculas de azúcar.

Dulce y lento

¿Cómo se disuelve más rápido un terrón de azúcar, entero o machacado?

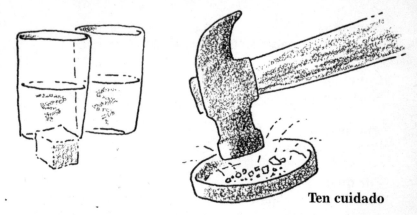

Ten cuidado

Necesitas:
Dos terrones de azúcar
Un recipiente pequeño y desechable
Un martillo o una piedra (para triturar el terrón)
Dos vasos medio llenos de agua

Cómo hacerlo:
Machaca uno de los terrones en el recipiente. Deja el otro terrón entero. Introdúcelos luego en distintos vasos de agua, a la vez.

Qué sucede:
El terrón de azúcar triturado se disuelve con más rapidez.

Por qué:
Las moléculas de agua disuelven primero las zonas exteriores del terrón y a continuación las interiores. Esto lleva su tiempo. Al estar triturado el terrón de azúcar, las moléculas de agua entrarán en contacto con un número mayor de superficies externas, y el grado de solubilidad (o la velocidad con que se disuelve una sustancia) es mayor.

Dulce masticación

Nuestros cuerpos son unas complejas fábricas químicas, tal y como te demuestra este experimento.

Necesitas:
Un trocito de pan o un cracker sin sal

Cómo hacerlo:
Mastica el pan despacio, durante algunos minutos.

Qué sucede:
El pan sabe dulce.

Por qué:
Tu saliva tiene una enzima que transforma el almidón u otras moléculas de carbohidratos en un azúcar simple llamado maltosa. Cuando masticas el pan, el almidón que contiene se convierte en azúcar y por tanto sabe dulce.

CARBOHIDRATOS

Los compuestos orgánicos llamados carbohidratos se encuentran en algunos alimentos como, por ejemplo, el azúcar, el pan, las patatas y las galletas. Están formados por átomos de carbono, hidrógeno y oxígeno.

Diente dulce

¿Quieres saber cuánto tarda un diente en disolverse en una bebida de cola? No hace falta que te quites un diente para llevar a cabo este experimento, y tampoco es necesario que utilices los dientes postizos de tu abuelita. Pero si tuvieras algún diente por ahí o encuentras alguno en los alrededores de tu casa, ¡inténtalo!

Necesitas:
Un diente
Un vaso de bebida de cola (normal)

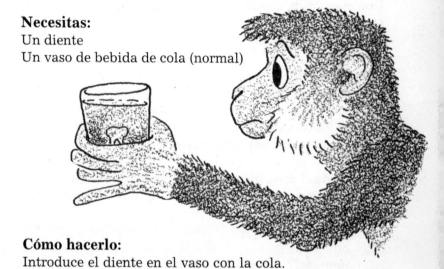

Cómo hacerlo:
Introduce el diente en el vaso con la cola.
Déjalo ahí al menos **una semana**.

Qué sucede:
El diente empieza a disolverse.

Por qué:
Ahora comprendes por qué tus padres y el dentista te avisan para que no tomes bebidas muy azucaradas con un alto contenido ácido. Aunque tus dientes no estén siempre bañados en una bebida de cola, el alto contenido en azúcar y ácido de este tipo de bebidas puede afectar químicamente a tu dentadura. En este experimento, el azúcar y el ácido finalmente provocan la disolución del diente, a pesar de la capa superficial de duro esmalte.

Salero: ¡bien lavado!

Puedes quitar el hielo de las calles en invierno usando sal, pero ¿puedes quitar la sal del hielo?

Necesitas:

Un frasco grande y dos tazas
Agua fría
Una cucharada de sal
Un filtro de café
Seis vasos desechables

Un congelador
Un rotulador
Una cuchara
Agua
Hielo

Cómo hacerlo:

Disuelve, en el frasco, la sal en agua y remuévela con una cuchara. Vierte un poco de la solución de agua salina en una de los vasos ($^3/_4$ partes) y mételo en el congelador. Tardará unas **dos horas** en convertirse en un hielo medio líquido.

Guarda el resto del agua salina en el frasco. Más tarde, compararás esta agua, llamada «control», con nuestra agua desalada o sin sal.

Mientras esperas que el agua se congele, numera los otros cinco vasos: 1, 2, 3, 4, 5. Escribe «salado» sobre el vaso número 1, y «desalado» en el número 5. Un poco antes de que transcurran las dos horas, llena los vasos 2, 3 y 4, en sus $^3/_4$ partes, con agua helada (mete unos cuantos cubitos de hielo en cada vaso).

Los siguientes pasos debes realizarlos con mucho cuidado pero con rapidez, antes de que el hielo medio líquido se descongele. Vierte el hielo medio líquido del vaso del congelador sobre el filtro de café (una capa pequeña quedará adherida en el fondo). Enrolla el filtro para darle forma de bolsa y con rapidez dale un chapuzón en cada uno de los tres vasos de agua helada. Transfiere lo que haya quedado de hielo al vaso marcado con la palabra «desalado». Pon la misma cantidad de agua salada del frasco (el «control») en el vaso número 1, marcado con el término «salado». Luego, moja un dedo en cada uno de estos dos vasos y prueba la diferencia.

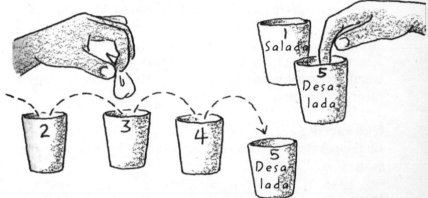

Qué sucede:

El agua que estaba «lavada» sabe menos salada. Coloca los vasos en otro sitio y deja que se evapore el agua. ¿Cuál de ellos tiene más cristales de sal?

Por qué:

Al helarse el agua, la sal que estaba disuelta sale a la superficie del hielo, de donde desaparece. Ahora conoces dos métodos distintos para separar la sal del agua. En la destilación, hierves el agua y dejas atrás la sal, pero aquí tomas la sal de fuera del hielo y dejas el agua atrás.

Trata de realizar este mismo experimento con agua del mar. ¿Crees que éste podría ser un buen método para obtener agua fresca y barata?

Agua refrigerada

¿Cuál está más fría, el agua helada normal o el agua salada helada?

Necesitas:

Diez cubitos de hielo
Dos vasos desechables
Una cucharada de sal

Dos termómetros
Un rotulador
Papel y lápiz

Cómo hacerlo:

Marca los vasos con los términos «sal» y «sin sal». Introduce un termómetro en cada uno de los vasos. Mete los cubitos de hielos alrededor de los termómetros, cinco cubitos en cada vaso. Pon la sal recubriendo, por arriba y por los laterales, los cubitos de hielo. Espera aproximadamente treinta minutos para obtener los resultados. Lee la temperatura que registra cada termómetro y anótala.

Qué sucede:

La temperatura del vaso con agua salada helada es menor, es decir, está más fría.

Por qué:

El punto de congelación del agua es 0 grados centígrados. En el agua sin sal, la temperatura está por encima del punto de congelación, mientras que en el agua salada puede estar por debajo. La sal extrae calor del hielo y la hace más fría, y disminuye el punto de congelación en el termómetro.

Y ahora:

Haz este mismo experimento, pero sustituye los cubitos de hielo por hielo triturado (véase página 90). ¿Será más fría el agua del hielo triturado? Apunta las temperaturas que obtengas en cada uno de los experimentos y compara las diferencias, si existen.

Pegando hielo

¿Se adherirán mejor unos cubitos de hielo a otros, con sal o sin sal?

Necesitas:

Doce cubitos de hielo   Una cucharadita de sal
Papel y lápiz

Cómo hacerlo:

Coloca tres cubitos de hielo sobre los otros tres. Indica que son «sin sal». Coge otros tres cubitos de hielos, esparce sobre ellos un poco de sal y coloca los tres últimos sobre la superficie salada de los anteriores. Señala que son «sin sal». Espera unos cinco minutos hasta que todos los cubos se hayan derretido parcialmente.

Qué sucede:

Los cubitos de hielo salados se pegan unos a otros mejor que los cubos no salados.

Por qué:

Las moléculas de agua se mueven de un cubito al siguiente mientras se pegan. Los dos juegos de cubitos de hielo se pegan, pero lo hacen mejor los que tienen sal. La sal permite que el hielo se derrita con más rapidez, de modo que las moléculas se mueven de un cubito a otro y se unen entre ellas más deprisa. Por esta razón, la sal se esparce sobre las carreteras en los días de invierno.

Frío salado

En este experimento, podrás obtener agua helada, en su estado sólido, en unos treinta minutos y no necesitarás la ayuda de un congelador.

Necesitas:
Un frasco estrecho
Un cuenco pequeño con hielo triturado
Toallitas o servilletas de papel
$^1/_4$ taza de sal
Un termómetro
Papel y lápiz

TRITURADOR

Si tu nevera no tiene un dispositivo para el hielo triturado, puedes obtenerlo de otras formas, bien con un instrumento especial, una minipimer o una licuadora, o bien envolviendo el hielo en un paño de cocina y golpeándolo con un martillo.

Precaución al triturar el hielo

En una licuadora eléctrica, coloca dos tazas de cubitos de hielo en el recipiente, y añade una taza de agua. Aprieta el botón de mayor velocidad. De vez en cuando, quita la tapa de la licuadora y, con una espátula de goma o una cuchara de madera, remueve el hielo. Así conseguirás que el hielo se distribuya por igual y se triture con más rapidez.

Si lo necesitas, pide ayuda a alguna persona mayor.

Cómo hacerlo:

Llena $\frac{1}{4}$ del frasco estrecho con agua y sitúalo en el centro del cuenco. Coloca el hielo en torno al frasco. Envuelve el cuenco con las servilletas de papel y coloca algunos objetos que sostengan el papel e impidan que se caiga. Introduce el termómetro en el frasco y anota la temperatura

de partida. Esparce la sal sobre el hielo triturado y haz que lo penetre bien. Cuando hayan transcurrido treinta minutos, anota de nuevo la temperatura. Si el agua todavía no está helada, espera hasta que el termómetro registre los 0 grados centígrados y esté por debajo.

Qué sucede:

El agua ha pasado al estado sólido (hielo) o al menos a un estado parcialmente sólido (cristales de hielo, medio líquido).

Por qué:

Cuando se esparce sal sobre el hielo, extrae calor al disolverse y la temperatura del agua desciende por debajo del punto de congelación.

CRISTAL
TRANSPARENTE

Los cristales están en todas partes. La nieve, el azúcar, la sal, algunas partes de las rocas y las piedras preciosas son cristales. Están formados por átomos que se unen de una determinada manera.

En esta parte del libro crearás cristales utilizando sal, añil, azúcar, bicarbonato y alumbre. Cuando termines, puedes invitar a tus amigos a un espectáculo de joyas y enseñarles tus creaciones.

¿UN ANILLO DE DIAMANTES?
¡UNA COPIA DE CARBONO!

Los diamantes son cristales de carbono. El carbono, como recordarás, es un elemento. Los volcanes son químicos de la naturaleza. El calor y la presión de los volcanes cristaliza el carbón en diamantes. Cuando la lava alcanza la superficie de la tierra, se enfría y endurece, forma unas rocas llamadas kimberlitas. Los diamantes se encuentran en la kimberlita. Para obtener un pequeño diamante, hay que lavar y triturar toneladas de kimberlitas.

Los diamantes son la sustancia más dura que hay en la Tierra. Un diamante imperfecto, no lo suficientemente bueno como para ser engarzado en un anillo, es una perfecta herramienta para cortar los metales duros. Los diamantes son tan duros que pueden cortar cualquier cosa. (Si encuentras alguna vez un diamante y dudas de su autenticidad, realiza una prueba y corta un objeto con él. Si no corta, probablemente sólo sea un trozo de cristal.)

Bicarbonato centelleante

En este experimento utilizaremos bicarbonato sódico. Aunque el bicarbonato se lavará por completo en esta actividad, ¡brillará!

Necesitas:
Un vaso desechable lleno hasta la mitad con agua caliente del grifo
Una cuchara
$^1/_2$ vaso de bicarbonato
Una lupa

Cómo hacerlo:
Vierte despacio el bicarbonato en el agua y remuévelo hasta que se disuelva por completo. Deja a un lado el recipiente y comprueba con frecuencia el resultado del experimento a lo largo de unas cuantas horas.

Qué sucede:
Al enfriarse el agua, comienzan a formarse cristales en los lados y el fondo del recipiente.

Por qué:
Cuando disuelves el bicarbonato (soluto) en el agua caliente (disolvente) en su totalidad, pones más solutos en el agua de lo que es capaz de soportar cuando se enfríe. Cuando esta solución saturada se enfría, las moléculas de bicarbonato se enganchan unas a otras y forman cristales.

Y ahora:
Traslada los cristales de bicarbonato del vaso a un recipiente desechable no muy profundo. Déjalo en un lugar cálido y soleado durante 24 horas hasta que el agua se evapore. (Véase «Asteroides astronómicos blancos».)

ASTEROIDES ASTRONÓMICOS BLANCOS

Los asteroides son rocas de formas irregulares en el espacio. Como los planetas, giran alrededor del Sol. Tu bicarbonato, después de este cambio químico, se asemeja a estos trozos de materia espacial. Los cristales menores y los más grandes pueden compararse a los asteroides grandes y pequeños; los más pequeños miden un kilómetro de ancho y los mayores en torno a quinientos kilómetros. Guarda tus fragmentos de asteroides de «Bicarbonato centelleante» para el «Espectáculo de piedras preciosas» y utiliza esta información para etiquetarlos.

QUÍMICA EN UNA CUEVA

La mayor parte de las cuevas se forman en la roca caliza. La caliza es una roca que se desgasta fácilmente por la acción del agua. Durante miles de años, esta solución de agua y bicarbonato de calcio ha esculpido gradualmente grandes espacios en inmensas masas de roca. Esta misma solución se introduce gota a gota a través de las grietas en los techos de las cuevas. Puesto que el agua se evapora en el aire, el dióxido de carbono se emite y se forma un mineral de calcita sólido. Éste se transforma en depósitos de cal dura, llamados estalactitas, que cuelgan del techo de las cuevas. Las estalagmitas son formaciones rocosas de aspecto semejante, pero que emergen del suelo y no del techo por efecto del goteo.

Carámbanos de cuevas locas

Puedes hacer tus propias estalagmitas y estalactitas para demostrar cómo la química funciona realmente en una cueva.

Necesitas:

Agua caliente del grifo
Dos frascos grandes, aproximadamente de $1/2$ litro
Un paño de cocina
Una taza de bicarbonato
Un plato pequeño redondo
Tres trozos pequeños de cuerda

Cómo hacerlo:

Llena los dos frascos casi hasta el borde con agua caliente del grifo. Remueve el bicarbonato, en cada uno de los recipientes, hasta que esté completamente disuelto. Enrolla el trapo de cocina, como si fuera una trenza, y átalo con las cuerdas por los extremos y por el centro. Introduce los extremos de la «soga» que acabas de fabricar en los dos frascos de agua, formando un puente. Asegúrate de que los «extremos de la soga» lleguen hasta el fondo de los frascos. Coloca el plato debajo del puente de trapo para recoger el goteo. Déjalo así durante **3 o 5 días**, para que se formen los carámbanos.

Qué sucede:

La solución de agua y bicarbonato asciende a través de los extremos del trapo de cocina y gotea por el centro. Las gotas se transforman en pilares de bicarbonato duro, con las dos columnas encontrándose en el centro. En ocasiones, algo similar sucede en las cuevas. Sin embargo, la concentración de depósitos en las cuevas tarda cientos de años, mientras que el proceso que tú has realizado sólo te ha ocupado unos cuantos días.

Por qué:

El agua se desplaza a través de la soga de trapo y llena todas sus diminutas bolsas de aire. Este proceso se denomina acción capilar y es similar a una hilera de fichas de dominó cayendo. (Véase «Maratón de gusanos ondulantes».) El bicarbonato es transportado por el agua a través de la «soga» y gotea en el punto central. Al evaporarse el agua, quedan los pilares de bicarbonato endurecido. Cuando revolviste el bicarbonato con el agua de los frascos hasta que estuvo completamente disuelto, saturaste la solución. Las moléculas de la solución, al enfriarse, cristalizan o se endurecen.

Rocas lunares azules

Pensarás que has paseado por la Luna cuando crees estos jardines de cristal. Asegúrate de cubrir tu área de trabajo con periódicos para que no tengas cristales por todas partes.

Necesitas:

Una cubeta para congelar alimentos
Toallitas de papel
Un vaso desechable
Tres cucharadas de sal
Dos cucharadas de agua
Tres cucharadas de añil o azulete
Una cuchara
Una lupa

Cómo hacerlo:
Forra el fondo de la cubeta con una toallita de papel doblada. Estruja otra toallita de papel y colócala encima. En el vaso desechable, mezcla todos los ingredientes juntos y vierte despacio la mezcla sobre el papel. Con la lupa observa lo que sucede.

Qué sucede:
Aparecen instantáneamente cristales azules burbujeantes. (Para llenar el jardín, tendrás que esperar unas **24 horas**.)

Por qué:
La solución salina se satura totalmente con el añil. El agua es absorbida por las toallitas de papel y, al evaporarse, la sal deja formas de nuevos cristales alrededor del añil en polvo.

La mina de diamantes

El alumbre es un tipo de mineral o sal química que se utiliza en algunos tipos de curtidos y es muy astringente. Se parece a la sal de mesa (cloruro de sodio) y tiene un sabor semejante, pero mientras que la sal, vista al microscopio, semeja cubitos de hielo, los cristales de alumbre tienen muchas caras angulares o facetas. Intenta fabricar tus propios cristales de alumbre y te parecerá que has descubierto una mina de diamantes.

Necesitas:
Un bote pequeño de alumbre
    (lo encontrarás en un supermercado)
Un vaso desechable lleno hasta la mitad con agua tibia
Una cuchara
Un frasco pequeño
Un trozo de hilo de nailon
Lápiz
Una lupa

Cómo hacerlo:
Vierte el alumbre en el vaso con agua, despacio y, con cuidado, remuévelo hasta que esté disuelto por completo. Sabrás que la solución está saturada cuando notes que los granos de alumbre arañan el fondo y observes que algunos flotan en la superficie del agua. Si introduces uno de tus dedos y tocas el fondo, podrás apreciar los cristales no disueltos. Deja la solución en el vaso **toda la noche**.

Al día siguiente, traslada el agua al frasco y ata con el hilo de nailon uno de los fragmentos más grandes de cristal de alumbre endurecido, que se habrán depositado en el fondo y los laterales del vaso (Sé paciente en esta tarea. Si alguna vez has enhebrado una aguja, sabrás lo que significa. Es difícil atar un hilo fino de nailon alrededor de un pequeño cristal de alumbre.) Enrolla y ata un extremo del hilo de nailon en la mitad de un lápiz y colócalo sobre la boca del frasco de modo que el alumbre cuelgue bajo el agua. Mantén el frasco en un lugar protegido durante **algunos días** y observa el cristal de vez en cuando.

Nota: Saca el resto de los cristales de alumbre del fondo del vaso y sécalos con una toallita de papel. Colócalos sobre un trozo de cartulina oscuro y estúdialos con tu lupa. Guarda estos diminutos y polimorfos cristales de alumbre para «El espectáculo de piedras preciosas».

Qué sucede:
Si sostienes el hilo y lo colocas frente a una luz, observarás los cristales de alumbre, y te darás cuenta de que parecen diminutas joyas brillantes.

EN TORNO A LOS CRISTALES

Puedes aumentar tu colección de cristales tomándolos del hilo que pende del lápiz o raspándolos con una cuchara de los laterales y el fondo del recipiente. Mantén la solución en una ventana soleada y cálida. Cuanto mayor sea la solución que dejas para que se evapore, más grandes serán los cristales. Guarda los cristales en un lugar seco y manéjalos con cuidado. Si tienes las manos húmedas o mojadas, será mejor que utilices unas pinzas o una cuchara de plástico.

Por qué:
De nuevo, los cristales se forman al disolver demasiado soluto o sustancia sólida (alumbre) en el disolvente o agua y conseguir una solución saturada. Luego, al enfriarse la solución, origina que las moléculas de alumbre se peguen unas a otras. Los cristales continuarán formándose hasta que toda la solución se evapore.

MONTAÑAS ROCOSAS

Observa estos bellos cristales de sal trepando por una cuerda y transformándose en brillantes montañas semejantes a cubos de diamantes. Sigue las instrucciones del capítulo «Minas de diamantes», pero sustituye el alumbre por $1/4$ taza de sal. Utiliza una cuerda fuerte colgando de un lápiz para recoger los cristales que se formen. ¡No tengas prisa! Las grandes montañas de cristal pueden tardar en formarse entre dos y cuatro semanas.

¡AZÚCAR!

Con la gran experiencia que has acumulado sobre soluciones saturadas, puedes hacer ahora una solución saturada de azúcar. Puedes utilizar una cuerda pendiendo de un lápiz para recoger tus cristales o dejarlos en el fondo del recipiente y recogerlos más tarde. Guárdalos para la presentación de tu «Espectáculo de piedras preciosas».

A diferencia de los cristales de sal que parecen cubos, los cristales de azúcar son alargados y tienen caras oblicuas.

EL ESPECTÁCULO
DE PIEDRAS PRECIOSAS

Invita a tus amigos a tu espectáculo de piedras preciosas. ¡Es fácil y muy divertido! Despliega de una manera especial tus cristales de azúcar, sal, alumbre y bicarbonato. Utiliza tapas de cajas pequeñas con papel o tela de color oscuro y coloca encima los cristales. Pon las tapas sobre una mesa en el exterior o junto a una ventana en un día soleado para la «audiencia de cristales». Utiliza la información del libro para hacer etiquetas para tus cristales. Coloca algunas lupas para el espectáculo. Incluso puedes realizar una demostración de cómo se fabrican cristales con soluciones saturadas.

Además, puedes separar tus cristales y pegar algunos en anillos de un modo especial. (Puedes comprar anillos sencillos en alguna tienda de bricolaje o hacerlos con algún alambre.) Puedes añadir unas gotas de colorante alimentario a tus soluciones cuando estés fabricando cristales. Podrás imitar o falsificar rubíes, esmeraldas o zafiros. También puedes incluirlas en tus anillos, hacer ornamentos de diseños de cristal, o usarlos para otras artesanías. Con un poco de imaginación, las posibilidades de proyectos con artesanías de cristal son ilimitadas.

ALQUIMIA DE COCINA

La mayor parte de la gente no cree que la cocina sea química, pero cuando las masas se convierten en pasteles, galletas o tortitas, y el azúcar cristaliza y se hace caramelo, claramente lo es.

De hecho, la mayor parte de la cocina implica cambios o reacciones químicas. Si una pizza está demasiado tiempo en el horno, se formará una sustancia negra, llamada carbono. El gas de dióxido de carbono, a través de la levadura, hace que crezca el pan, y la sal logra que el agua deje las conservas por medio de un proceso llamado ósmosis.

No te sorprendas mucho si este experimento-receta se convierte en el favorito de la familia. Más allá de ser grandes experimentos químicos divertidos de realizar, son deliciosos.

Infusión de especias

Los químicos utilizan a menudo la palabra infusión. Cualquier cosa que se disuelva en agua, es una infusión. Algunas personas beben infusiones todos los días en forma de café o té. En esta actividad, tú crearás tus propias infusiones y además disfrutarás del placer de beberlas.

Necesitas:

Una tetera con agua caliente
Un colador de cocina pequeño o una bola de té
$^1/_2$ cucharadita de al menos 6 hierbas o especias: partes enteras, como hojas de laurel u hojas de orégano, albahaca, menta o perejil; brotes o semillas de clavo, mostaza, hinojo o anís; o canela en rama, etc.
Tazas
Cucharas
Papel y lápiz para anotar la solubilidad y las pruebas

Cómo hacerlo:

Pon una hierba o especia en el colador y colócalo sobre una taza. Vierte un poco de agua de la tetera. Deja que la sustancia se empape o remoje durante 2 o 3 minutos. Quita el colador y límpialo bajo un chorro de agua fría. Luego prueba tu infusión y describe el sabor. Repite estos pasos con otras hierbas o especias.

Agua hirviendo

Qué sucede:

Las especias y las hierbas se empapan y disuelven en el agua, y le añaden color y sabor.

Por qué:

Algunas sustancias de hierbas y especias son más solubles o se disuelven con más facilidad en el agua caliente que otras. La composición química o la manera en que se organizan las moléculas está muy relacionada con la solubilidad de la sustancia. Un té puede ser dulce y agradable, o amargo y agrio. Puedes conseguir que tu boca se frunza cuando lo pruebes o puede ser tan tenue como para que lo saborees intensamente y te lo tomes todo. ¿Qué te ha resultado agradable o desagradable de tus infusiones?

HAZ UNA FIESTA DE INFUSIONES

Invita a tus amigos en un día húmedo y frío a una fiesta del «té», una degustación de infusiones. Proporciónales una lista de las especias y hierbas que hayas utilizado, pero no identifiques las muestras con sus nombres. Entre los «tés» que prepares introduce algunos de hierbas y especias conocidas y que le gustan a casi todo el mundo como nuez moscada, semillas de anís, menta, semillas de hinojo, pimienta, canela y cla-

vo. Incluye también unas delgadas láminas de raíz de jengibre. Ofrece azúcar o miel para endulzar, y tazas y cucharas de plástico para la degustación. Sirve las infusiones con algunas galletas ligeras y crujientes. Proporciona a cada invitado un lápiz y una pequeña libreta de notas y pregúntales si identifican cada una de las infusiones y su solubilidad, o cuál han paladeado más. ¡Es divertido y agradable!

¿PAPILAS GUSTATIVAS?

Los sabores de tus infusiones dependen mucho de tu lengua. Tiene aproximadamente tres mil papilas gustativas ubicadas en la superficie. Las papilas gustativas laterales reaccionan ante las sustancias agrias, mientras que las posteriores lo hacen ante las amargas. Las papilas gustativas delanteras son especialmente sensibles a los sabores dulces y salados.

Curiosamente, nuestra nariz, nuestro sentido olfativo, ejerce un papel muy importante para saborear los alimentos. Sin este sentido fundamental, como sucede cuando has pillado un catarro, no podrías reconocer los sabores de los alimentos que comes; no podrías «paladear» nada.

Mantequilla

Puedes hacer tu propia mantequilla con gran facilidad. En este experimento-receta se utilizan cantidades pequeñas que se usan inmediatamente. *(Pide ayuda para realizarlo.)* Tardarás unos diez minutos en lograr que la nata se convierta en mantequilla o algo equivalente.

Necesitas:
Una taza de nata fría, batida enérgicamente
Un cuenco pequeño, enfriado en la nevera
Batidora eléctrica
Un recipiente de medir

Utilización de una batidora

Cómo hacerlo:
Pon la nata en el cuenco enfriado. Bate con fuerza hasta que en la nata se formen grumos amarillos. Esto no sucederá inmediatamente; te llevará al menos diez minutos. A medida que bates, un líquido se desprende-

rá de los grumos amarillos. Saca este líquido y échalo en el recipiente de medir y continúa batiendo.

Qué sucede:
La nata se convierte en mantequilla y tienes una gran cantidad de líquido en el recipiente de medir.

Por qué:
La nata es una combinación de moléculas de grasa y agua. La grasa flota sobre el agua. Éste, una vez más, es un ejemplo de una suspensión, un sólido suspendido en un líquido. Cuando utilizas la batidora con la nata, las moléculas de grasa chocan y se pegan, los grumos serán más grandes, y tendrás mantequilla, una sustancia sólida. La parte de moléculas de agua de la nata es el líquido que has ido trasladando al recipiente de medir. ¿Cuánta mantequilla y cuánta agua había en tu taza de nata?

Mayonesa

¡No llores sobre tus huevos rotos, y si no consigues separar la clara para batirla, usa un sucedáneo! Cualquier cosa que utilices —clara de huevo o un sucedáneo— te permitirá disfrutar y saborear este delicioso banquete. Haz mayonesa, en pequeñas cantidades y consúmela inmediatamente. Esta receta es para 2 o 4 comensales.

Necesitas:
Un cuenco para batir pequeño
Una batidora manual
Dos cucharadas de sucedáneo de huevo
$1/2$ cucharadita de mostaza
Una cucharadita de zumo de limón
Sal y pimienta para condimentar
$1/2$ taza de aceite
Una cucharadita de agua hirviendo

Cómo hacerlo:

Coloca el sucedáneo de huevo en el cuenco. Añade la mostaza, el zumo de limón y sazónalo. Bate los ingredientes con la batidora. Añade aceite poco a poco y bate de nuevo. Tendrás que seguir batiendo hasta que la mayonesa se espese y entonces podrás añadir el aceite más deprisa.

Si el aceite se posa sobre la superficie (estás aprendiendo cómo se hace una emulsión), sencillamente añade un toque de mostaza y continúa batiendo. El secreto para conseguir una buena mayonesa es el batido continuo de todos los ingredientes. Para terminar, añade una cucharadita de agua hirviendo para que no se corte la mayonesa.

Qué sucede:

A partir de distintos ingredientes, has elaborado una mayonesa, una mezcla de líquidos suspendidos o flotando unos en otros, es decir, una emulsión.

Por qué:

En el caso de la mayonesa, la mostaza y el agua hirviendo son agentes emulsionantes que impiden que el aceite y el jugo de limón se separen y mantiene la mezcla emulsionada. Sin estos agentes, la mezcla se separaría.

SALSA MAYONESA DE ESTRAGÓN

Añade unas hojas troceadas de estragón fresco (una hierba que encontrarás en los puestos de verduras de un mercado) a tu mayonesa, y obtendrás una deliciosa y ligera salsa para ensaladas. ¡Está buenísima sobre unas rodajas de tomate!

FERMENTACIÓN

La sal preserva los alimentos y evita su deterioro. Las salmueras se hacen normalmente macerando las verduras, por lo general pepinos, en agua salada. La solución salada es una salmuera. La sal extrae los jugos y permite que las bacterias buenas transformen, o fermenten, los pepinos mientras mata a las bacterias malas. Los químicos saben que las bacterias están en todas partes, incluso en nuestros cuerpos. Algunas producen enfermedades, mientras que otras ocasionan cambios químicos en los alimentos y permiten la obtención de otros nuevos, como es el caso de los escabeches.

En escabeche

Vamos a preparar unos deliciosos escabeches para la cena de esta noche. Utilizaremos sal y vinagre, compuestos que preservan los alimentos del deterioro.

Necesitas:
Un pepino grande, sin pelar
Una cucharada de sal
Una cucharada de azúcar
$3/4$ taza de vinagre
Un recipiente pequeño con tapa, para servir
Una cucharada de eneldo, perejil o estragón (fresco o seco)
Un tenedor
Un cuchillo
Un cuenco profundo
Una cuchara
Un plato pequeño

Cómo hacerlo:

Lava el pepino. Con los dientes del tenedor, haz unos surcos profundos, longitudinales y circulares en el pepino.

Utilización de un cuchillo

Córtalo en rebanadas delgadas, que sean casi transparentes. Coloca las rebanadas en el cuenco profundo y espolvoréalas con la sal. Remueve bien con una cuchara las rebanadas para que se empapen de sal. Cúbrelas con un plato pequeño y pon encima algún objeto pesado, por ejemplo una lata de conservas. Deja los pepinos en reposo, a temperatura ambiente, durante una hora.

Escurre las rebanadas y ponlas en el recipiente para servir. Mezcla el azúcar y el vinagre, y viértelo sobre las rebanadas de pepino. Enfríalo durante dos o tres horas. Antes de servirlo, escurre el líquido y espolvoréalo con el eneldo, perejil o estragón. ¡Que aproveche!

Qué sucede:

Los pepinos se transforman en una sencilla versión de rebanadas escabechadas crujientes.

Por qué:

La sal y el vinagre se combinan para fermentar el pepino. El proceso, llamado ósmosis, extrae el agua del pepino y lo convierte en un escabeche crujiente.

Sirope de limón

La química, como habrás observado, está presente en la cocina. Como el caramelo, los siropes son soluciones supersaturadas de azúcar y agua, y la diferencia entre las dos está en el grado de calor que permite los cambios químicos de las sustancias. En este experimento-receta, elaborarás tu propio sirope de limón para una limonada, en un momento.

Necesitas:

Una olla
Dos tazas de azúcar
Una taza de agua
Utilización de la cocina
Un colador
Una taza de zumo de limón
Una jarra grande y transparente o un recipiente con tapa

Cómo hacerlo:

Coloca el azúcar y el agua en una olla. Hierve la solución durante cinco minutos; deja que se enfríe y añádele el zumo de limón. Vierte el sirope sobre el colador, que previamente habrás colocado sobre algún recipiente.

**Utilización
de una cocina**

Para conservarlo, guárdalo en la nevera. Necesitarás 2 cucharadas de sirope para un vaso de agua helada y obtendrás una deliciosa y fresca limonada. ¡Disfrútala!

Qué sucede:

La solución de azúcar, limón y agua se convierte en un sirope de limón espeso.

Por qué:
El calor facilita que el azúcar y el agua se mezclen por completo; al hervir algunas moléculas de agua se convierten en vapor o vapor de agua. Cuando la solución de azúcar espesa se enfría, reacciona químicamente con el jugo de limón y se convierte en sirope.

Átomos de manzana

Intenta reordenar los átomos de manzana, y realizar un delicioso postre tibio para cuatro comensales.

Necesitas:
Una olla grande
$1^1/_2$ tazas de agua
$^1/_2$ taza de azúcar
Una rodaja de limón
Seis manzanas medianas
Un pelador y un cuchillo
Utilización de la cocina
Canela

Cómo hacerlo:
En la olla, cocina juntos los primeros tres ingredientes durante cinco minutos; luego saca la rodaja de limón. Pela y quita el corazón de las manzanas y pártelas en rodajas; añádelas a la solución de azúcar, poco a poco. Cocínalas hasta que estén blandas, y agrega un poco de agua, si es necesario.

Utilización de una cocina y un cuchillo

Para servirlas, saca las manzanas y ponlas en platos, vierte el almíbar de azúcar tibio sobre las manzanas y, para terminar, espolvoréalas con canela.

Qué sucede:
Las manzanas se ablandan y se convierten en un postre delicioso.

Por qué:
El ácido del limón y el azúcar se combinan con una sustancia que contienen las manzanas, llamada pectina. Se reblandecen y forman una mezcla semejante a una gelatina. El agua caliente ayuda a romper los átomos de la manzana, la estructura de sus moléculas. Por último, hay que considerar el cambio químico operado al «cocinar», que transforma un estado duro en uno blando.

Salsa de hierbas: ¿ser o no ser?

No está claro si las salsas para ensaladas son emulsiones o no. Haz una y comprenderás la razón. (Medidas para una taza, aproximadamente.)

Necesitas:
Una jarra para mezclar, con tapa
Una cucharadita de hierbas (perejil, cebollino, menta o estragón picados o una combinación de todos ellos)
$^3/_4$ taza de aceite
$^1/_4$ taza de vinagre
Sal y pimienta para sazonar

Cómo hacerlo:
Coloca todos los ingredientes en la jarra y agítala bien. Guárdala en la nevera y remueve de nuevo antes de utilizarla.

Qué sucede:
Cuando se agita, el vinagre y el aceite se combinan, pero luego finalmente se separan.

Por qué:

El vinagre, el aceite y el agua son emulsiones *temporales,* o coloides, de sustancias que se combinan temporalmente con otras sustancias pequeñas en un líquido. Las salsas para ensalada no son verdaderas emulsiones, como lo es la mayonesa, y si lo fueran no se separarían.

Convite endotérmico helado: Sorbete de arándanos y limón

¿ Puede un cambio endotérmico, o sea, en el que la energía calorífica se absorbe en lugar de emitirla, hacer un delicioso convite helado? En «Frío salado», congelamos agua; ahora lo intentaremos con fruta y zumo de limón. ¡Tendrás la oportunidad de divertirte haciendo este gran experimento químico y también podrás saborearlos, después!

Necesitas:

Una jarra trasparente y pequeña
Un cuenco para mezclar, mediano
Dos toallitas de papel o paños de cocina
    (para doblar y envolver el cuenco)
Una cuchara
$^{1}/_{2}$ taza de arándanos u otro zumo de fruta
$^{1}/_{2}$ taza de sal
Seis tazas de hielo triturado (véase página 90)

Cómo hacerlo:

Echa la fruta y el jugo de limón en la jarra y agítalos. Coloca la jarra abierta en la mitad del cuenco. Con cuidado, coloca el hielo triturado alrededor de la jarra, hasta el

borde. Espolvorea la sal sobre el hielo y a su alrededor. Dobla las toallitas de papel o los paños de cocina y envuelve el cuenco a lo largo y a lo ancho. Coloca uno o dos objetos pesados para sujetar los paños que envuelven el cuenco. ¡Sé paciente! Te llevará unas dos horas que tu experimento se convierta en un helado.

Qué sucede:
El zumo se convierte en una nieve helada.

Por qué:
La sal sobre el hielo extrae el calor de los zumos del frasco y la temperatura desciende por debajo del punto de congelación.

HELADO DE VAINILLA

Puedes llevar a cabo otro convite helado endotérmico si sustituyes el zumo del sorbete de limón y arándanos por 1 cucharada de polvo de flan instantáneo de vainilla, $^1/_4$ taza de leche evaporada fría, $^1/_2$ taza de leche desnatada, 1 cucharada de azúcar y $^1/_2$ cucharadita de extracto de vainilla. Mezcla los ingredientes por completo antes de introducir el frasco en el hielo. Tendrás un delicioso helado de vainilla.

Caramelos de azúcar de arce

Los primeros colonos americanos hicieron un caramelo de arce especial, llamado «Jack Wax». El sirope de arce hervido se puso sobre la nieve y se endureció formando un caramelo de arce. Puedes hacer tus propios Jack Wax en sólo unos minutos. (*Utilizarás sirope caliente, ¡hirviendo! Es aconsejable que pidas ayuda a una persona mayor.*)

Necesitas:
$^{1}/_{2}$ taza de sirope de arce puro
Un recipiente para microondas
Un cuenco mediano medio lleno de hielo triturado
Una cuchara
Un tenedor

¡Sirope hirviendo!
Sé precavido

Cómo hacerlo:
Pon el sirope en el recipiente para el microondas. Introdúcelo y enciende el microondas a la mayor potencia durante cinco minutos. Con mucho cuidado (el azúcar caliente puede producir quemaduras peligrosas), vierte el sirope de arce sobre el hielo triturado.

Qué sucede:
El sirope caliente se transforma en filamentos de caramelo de arce, parecidos al toffee. Con el tenedor, entresaca los filamentos de azúcar de arce y enróllalos formando bolas duras. Están ricos solos o como un tentempié matutino con rosquillas, o con las deliciosas tortitas espumosas de sidra de manzana del capítulo «Tortitas de luna».

Tortitas de luna

¡Vas a hacer unas ligeras, deliciosas y espumosas tortitas de sidra de manzana que, te lo garantizo, no son de este mundo! Cuando la mezcla de los ingredientes cambia químicamente, aparecen burbujas y agujeros que te recordarán los cráteres de la luna. No marcarás un tanto con este experimento si apartas tus ojos del batido. (Preparación para unas 16 tortitas, aproximadamente.)

Necesitas:

Dos tazas de harina con levadura
$1^1/_3$ tazas de sidra de
    manzana espumosa
Un batidor metálico o una
    cuchara de mezclar

Un cuenco para mezclar
Un huevo
$^1/_2$ taza de aceite
Utilización de una
    parrilla o cocina

Una tapa o un plato para   Un recipiente con medidas
   dar vueltas a las tortitas

Cómo hacerlo:

Pon los ingredientes en el cuenco y mézclalos todos juntos con el batidor o la cuchara de mezclar. No lo mezcles demasiado: Vierte la mezcla en el recipiente con medidas.

**Utilización
de una cocina
o una parilla**

Enciende y precalienta la parrilla. Cuando esté caliente, empieza la preparación de las tortitas. Vierte sobre la parrilla una cantidad de masa, suficiente para formar una tortita no muy gruesa. Deja que se haga por un lado hasta que aparezcan burbujas y hasta que la superficie se seque. Dale la vuelta con ayuda de una tapa o un plato y mantenla sobre el fuego hasta que comience a levantarse ligeramente de la parrilla.

Qué sucede:

Cuando mezclas la masa, aparecen burbujas en ella. Cuando le añades calor, al cocinarla, se convierte en deliciosas y ligeras tortitas. Sírvelas con mantequilla, almíbar y salsa de manzana. Añádeles tus caramelos de «Caramelos de azúcar de arce» y se convertirá en un desayuno insuperable.

Por qué:

El zumo de manzana de la sidra tiene ácido carbónico, que se forma cuando el dióxido de carbono se disuelve en una solución. Los cráteres o agujeros en la masa de las tortitas se producen por el gas dióxido de carbono. Y además facilita el que las tortitas sean más ligeras e hinchadas. Si guardas la masa sobrante para más tarde, las tortitas se habrán endurecido y desinflado, puesto que habrá menor número de burbujas de gas CO_2 o habrán desaparecido. Esto es semejante a lo que sucede cuando dejas en la nevera una botella con gas sin tapar y pierde su efervescencia.

EL LABORATORIO: CO₂ Y TÚ

En este capítulo, fabricarás un manómetro, una pieza importante en un equipo de química, y la ubicarás en tu laboratorio, un lugar en el que tú, como un químico jefe, llevarás a cabo tus propios estudios e investigaciones. El manómetro es barato y su utilización es fácil y divertida. Cuando lo tengas, podrás realizar pruebas con las sustancias que contienen dióxido de carbono (CO_2).

Pero primero es hora de resolver el misterio de las masas crecientes y averiguar cuáles contienen la mayor cantidad de gas CO_2.

Bolas de dinamita

¿Qué sustancias producen más cantidad de dióxido de carbono (CO_2) al añadirles harina y agua? En este experimento tripartito, harás una masa de harina y agua tres veces, usando diferentes combinaciones de sustancias.

Cada parte del experimento será independiente, utilizando casi el mismo equipo e ingredientes. La única cosa que cambia es la sustancia sobre la que se hace la prueba: levadura en polvo, bicarbonato o pasta de levadura. Antes de comenzar, plantea una hipótesis, o una conjetura científica, como, por ejemplo, cuál es la sustancia que contiene más cantidad de gas dióxido de carbono. Luego realiza las pruebas y averigua si estabas en lo cierto.

Necesitas:

Una taza pequeña, para mezclar
Una taza llena de agua muy caliente
Sustancias para las pruebas:
   $^1/_2$ cucharada de levadura en polvo
   $^1/_2$ cucharada de bicarbonato
   $^1/_2$ cucharada de pasta de levadura
      de crecimiento rápido

Harina
Agua fría
Una cucharilla
Una cuchara

Cómo hacerlo:

Con una cucharilla, mezcla una cucharada rasa de harina con la primera sustancia del test, la levadura en polvo, en una taza. Añade una pizca de agua fría, una gota cada vez, y forma una bola de masa. Si la mezcla está demasiado húmeda, añade más harina. Coloca la bola de masa en una cuchara. Déjala en un lugar caliente mientras llenas otra taza con agua caliente (del grifo o calentada en la cocina o el microondas).

Durante dos minutos aproximadamente, sostén la cuchara con la masa sobre el agua caliente. Permite que la cuchara toque el agua e, incluso, que entre algo de

**Utilización
de una cocina
u horno**

agua caliente. Deja la bola de masa en un lugar aparte. Luego, repite el experimento, pero sustituye la levadura en polvo por el bicarbonato. Realiza de nuevo el experimento con la tercera sustancia, la pasta de levadura de crecimiento rápido.

Qué sucede:
Todas las bolas de masa se hacen muy grandes.

Por qué:
La levadura en polvo contiene bicarbonato sódico. Cuando se combina con harina, agua y calor se origina un cambio químico que produce gas dióxido de carbono. Se aprecia en los agujeros, burbujas gaseosas, que aparecen en la masa al crecer. El bicarbonato y la levadura también producen cambios químicos y gas CO_2. La bola de bicarbonato probablemente crezca menos que las que contienen levadura en polvo y en pasta, que incluso pueden llegar a doblar su tamaño. De las dos, la bola con pasta de levadura crecerá un poco más. ¿Eran correctas tus hipótesis?

Cómo fabricar un manómetro

Tu manómetro, sencillamente, es un tubo de plástico introducido en el interior de una botella de cristal con el otro extremo atado a un palo. Lo utilizarás para realizar test de dióxido de carbono a distintas sustancias y tendrás el placer de observar el agua coloreada ascendiendo por el tubo de plástico, semejante a lo que sucede en un termómetro. Incluso puedes trazar líneas sobre el palo que sujeta el tubo con un rotulador para medir y registrar cuánto gas contiene una sustancia. Si el agua coloreada se eleva vertiginosamente por el tubo, o incluso se desborda, comprobarás que la sustancia del test produce una gran cantidad de gas dióxido de carbono.

Necesitas:

Una botella de cristal de $^1/_2$ litro con tapón de rosca
Un tubo de aire para acuario
    de unos 75 cm aproximadamente
Un vaso pequeño medio lleno de agua
Colorante alimentario (de cualquier color)
Un frasco de boca ancha y con tapa
Un clavo largo y un martillo
Un palo de unos 40 cm de longitud
Gomas o cinta para atar
Un cuentagotas
Plastilina
Tijeras

Cómo hacerlo:

Limpia concienzudamente la botella. Realiza un agujero grande en el tapón de la botella, con el clavo y el martillo.

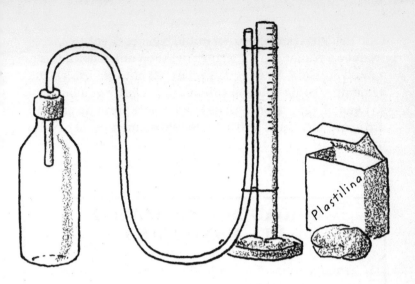

(Tendrá que ser lo suficientemente ancho como para que pase el tubo.) Introduce en la botella, a través del agujero del tapón, unos 10 cm del tubo. (Dobla el tubo en una y otra dirección para enderezarlo.) Haz una pequeña cuerda de plastilina y pégala en torno al agujero del tapón para conseguir que la botella quede hermética. Luego coge la tapa del frasco y pégale un trozo de plastilina en el fondo; pon un poco más en la mitad.

Al llegar a este punto, tal vez desees trazar con el rotulador algunas líneas de medición sobre el palo. Cada línea debe estar a un centímetro de otra, comenzando desde la mitad hacia arriba. Numera las líneas, comenzando con el 1. Tienes una bonita escala que te permitirá saber qué cantidad de cada sustancia puedes registrar con tu manómetro.

Luego, empuja el palo sobre la base de plastilina de modo que se sostenga de pie. Dobla el tubo, hacia fuera, desde el fondo de la botella, y colócalo de modo que forme una suave curva para luego fijarlo al palo con las bandas o cintas de goma. La abertura del tubo debe coincidir con la parte superior. Ahora estás listo para llenar la inferior con agua coloreada.

Pon unas cuantas gotas de colorante alimentario en el

vaso de agua, lleno hasta la mitad. Con el cuentagotas, introduce a través de la abertura del tubo una o dos gotas de agua coloreada. Si el agua se para en el tubo, aspira suavemente o sopla sobre el tubo para permitir que las gotas se unan al agua. Ahora tienes una nueva pieza de un equipo de química para usarla en los experimentos de tu laboratorio.

CUIDADOS Y UTILIZACIÓN DEL MANÓMETRO

1. Trabaja sobre una tabla de cocina, por si acaso tu manómetro rebosa.
2. Guarda el agua coloreada en una botella pequeña y cerrada, para reemplazar cualquier pérdida que se produzca durante el experimento o almacenaje.
3. Cuando saques el manómetro de la botella para añadir soluciones, coloca el tubo con la tapa sobre otra botella similar vacía, de modo que el agua coloreada del tubo no se pierda o salga.
4. Si al doblar el tubo perdiste el precinto, enrosca la botella en la tapa en vez de la tapa en la botella.
5. Guarda el manómetro en una caja pequeña. Asegúrate de que el tapón con el tubo esté bien enroscado sobre la botella.
6. No introduzcas más de una o dos gotas de agua coloreada en la parte superior del tubo. Si se sale el agua, sopla suavemente y sorbe en el tubo de plástico.
7. Para realizar los tests, pon en tu manómetro primero los polvos y después los líquidos, y tápalo *inmediatamente*. Tus experimentos no se realizarán si mezclas las soluciones en otros recipientes y luego los introduces en la botella manómetro, o si no cierras la botella con bastante rapidez.

CO$_2$ en ascenso

¿Cuánto ascenderá el agua coloreada cuando ciertas sustancias se introduzcan en el manómetro? Si realizas los experimentos con el manómetro en un día o en días diferentes, es muy importante que lleves un diario científico, o un libro de registros, y apuntes lo que sucede en cada uno de los experimentos. ¡Si lo haces así te convertirás en un químico de verdad!

Necesitas:
Un manómetro
Sustancias para los tests:
    Una cucharada de levadura en polvo
    $^1/_4$ taza de vinagre
Una botella vacía
Agua coloreada
Un cuentagotas

Cómo hacerlo:
Sitúa tu manómetro sobre una tabla de cocina o con un periódico debajo para recoger cualquier cosa que caiga. Mantén la botella a la distancia suficiente del palo como para que el tubo haga una suave curva entre ambos. Con el cuentagotas, introduce una o dos gotas de agua coloreada por la abertura del tubo unido al palo. ¡Únicamente se necesitan unas cuantas gotas! El agua comenzará a gotear en la curva inferior. Si no sucede así, o si se sale, sopla o aspira

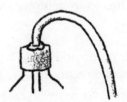

con suavidad para permitir que el líquido se una y se mueva hacia la curva inferior.

Luego, mide una cucharada de levadura en polvo y $^1/_4$ taza de vinagre. Quita el tapón de la botella del manómetro y el tubo y colócalos en otra botella. Pon la levadura en polvo en el fondo de la botella del manómetro, seguido por el vinagre (el líquido siempre se pone al final). Rápidamente, enrosca la tapa y agita un poco la botella. Anota lo que sucede y a qué altura asciende el agua coloreada.

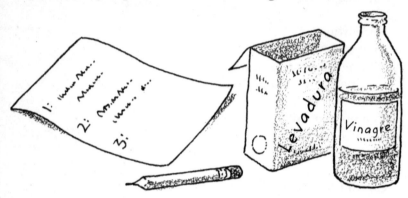

Lava con cuidado la botella del manómetro antes de realizar el siguiente experimento, y recuerda lavarla de nuevo cada vez que vayas a llevar a cabo un experimento si no quieres invalidar o estropear tus resultados.

Ahora realiza un test a estas cinco combinaciones tal y como hiciste en el experimento de la levadura en polvo y el vinagre:

Sustancias para el test:
Una cucharada de bicarbonato y $^1/_4$ taza de vinagre
Dos pastillas de antiácidos efervescentes (por ejemplo
    Alka-Seltzer) y $^1/_2$ taza de agua
$^1/_2$ taza de una bebida gaseosa suave
Una cucharada de bicarbonato y el zumo de un limón
Una cucharada de bicarbonato y $^1/_4$ taza de agua

Nota: Para aumentar los efectos y los resultados de los experimentos, intenta variar o cambiar las cantidades de los ingredientes.

Qué sucede:
El agua coloreada en el tubo del manómetro sube enérgicamente burbujeando, o se eleva un poco pero no burbujea, o no se eleva nada.

Por qué:
Obviamente, hay mayor emisión de gas CO_2 en unas reacciones químicas que en otras. En el experimento anterior, tanto el vinagre y el bicarbonato como el vinagre y la levadura en polvo producen los mejores resultados. Ambas mezclas empujan el marcador burbujeante de agua coloreada estrepitosamente por el tubo.*

Mientras hubo claramente algo de gas CO_2 emitido en las soluciones de las tabletas de Alka-Seltzer, y bicarbonato y limón, el marcador de agua no se movió tanto como lo hizo con las soluciones de polvos y vinagre: hubo mucho menos movimiento y un sonido menos audible. Pero no sucedió absolutamente nada con las soluciones de bicarbonato y agua, que no liberaron gas CO_2.

*Si no obtienes estas reacciones, realiza los experimentos de nuevo. Asegúrate de poner los polvos en primer lugar y de enroscar el tapón de la botella con rapidez antes de que el gas CO_2 que se libere pueda escaparse.

Kathy Wollard

El libro de los porqués

Lo que siempre quisiste saber sobre el planeta Tierra

Las más interesantes preguntas sobre el mundo y sus pobladores encuentran en este fascinante libro respuestas sencillas y amenas, tan rigurosas como un artículo científico y tan divertidas como un cuento ilustrado.

252 páginas
Formato: 19,5 × 24,5 cm
Encuadernación: Rústica

240 páginas
Formato: 24,5 × 19,5 cm
Encuadernación: Rústica

Linda Hetzer

Juegos y actividades para hacer en casa

Más de 150 actividades. Grandes aventuras, trucos mágicos para asombrar a tus amigos, diversiones misteriosas y mucho más. Puedes realizarlas solo, o bien acompañado de tus hermanos, tus amigos o todo el vecindario. ¡Desterrarás para siempre el aburrimiento!